AF450504

HORTENSE DE BEAUHARNAIS

PAR

C. D'ARJUZON

AVEC UN PORTRAIT EN HÉLIOGRAVURE

PARIS

CALMANN LÉVY, ÉDITEUR

RUE AUBER, 3, ET BOULEVARD DES ITALIENS, 15

A LA LIBRAIRIE NOUVELLE

—

1897

HORTENSE

DE BEAUHARNAIS -

IMPRIMERIE CHAIX, RUE BERGÈRE. 20, PARIS. — 24280-12-96. (Encre Lorilleux).

HORTENSE

DE BEAUHARNAIS

PAR

C. D'ARJUZON

PARIS

CALMANN LÉVY, ÉDITEUR

ANCIENNE MAISON MICHEL LÉVY FRÈRES

3, RUE AUBER, 3

1897

LIVRE PREMIER

L'ENFANCE

I

« Heureuse comme une reine ! » Cet adage
fut-il jamais exact ? Il est permis d'en douter,
si l'on en juge par le nombre de souveraines
qui, depuis un siècle, gémirent sous le poids
écrasant de leurs couronnes. Quoi qu'il en soit,
on ne peut l'appliquer à la reine Hortense :
frappée dans son cœur comme fille, comme
épouse, comme reine, comme mère, toujours
elle sembla vouée au sacrifice et sa vie entière
fut marquée par une série d'épreuves.

Elle n'est pas encore née que son père, complètement désintéressé de l'enfant que la mère
porte dans son sein, part pour l'Amérique, et

c'est pendant qu'il y court les aventures qu'elle vient au monde, à Paris, dans la tristesse et l'abandon.

La famille de Beauharnais était originaire de l'Orléanais. Le grand-père d'Hortense, le marquis de Beauharnais, nommé « Gouverneur général des Isles sous le Vent de l'Amérique », en 1757, se lia étroitement avec les Tascher de la Pagerie, de noblesse orléanaise également, établis à la Martinique depuis le commencement du xviiiᵉ siècle. De retour en France, le marquis n'oublia pas ses amis et ne cessa d'entretenir avec eux d'affectueux rapports. Son fils avait eu pour marraine madame de Renaudin, née Tascher de la Pagerie, qui, en 1779, rêva de cimenter définitivement l'union des deux familles par le mariage de son filleul, le vicomte Alexandre de Beauharnais, brillant capitaine au régiment de la Sarre-infanterie, âgé seulement de dix-neuf ans, avec sa nièce, la fille de son frère, Joséphine Tascher de la Pagerie, qui atteignait alors sa seizième année.

Des deux côtés, ce projet fut favorablement accueilli. Joséphine a déclaré elle-même[1] que ce fut son père qui l'amena en France, qu'ils débarquèrent tous deux, le 12 novembre 1779, au port de Brest, où madame de Renaudin et le vicomte de Beauharnais vinrent les chercher, et que « les empressements du fiancé annonçoient sa satisfaction ». Le mariage fut célébré, le 13 décembre suivant, à Noisy-le-Grand, où madame de Renaudin avait une propriété, et le jeune ménage passa l'hiver à Paris, chez le marquis de Beauharnais, dont l'hôtel était situé rue Thévenot,

Le bonheur des deux époux ne fut pas « sans nuages ». Beau cavalier, danseur incomparable, brillant causeur, homme à bonnes fortunes, le vicomte de Beauharnais, s'il réalisait le type parfait du héros de roman, faisait bien, en revanche, le plus détestable des maris. « Sa grande dissipation » donna plus d'un motif de

---

1. Dans la plainte déposée, par elle, entre les mains de Joron, « conseiller du roy, commissaire au Châtelet de Paris, » le 8 décembre 1783 (Archives nationales, série Y 13975).

plaintes à sa femme, qui lui reprocha aussi
« son éloignement pour sa maison » et, par-
dessus tout, « son indifférence qu'elle ne méri-
toit pas » et dont elle fut cruellement blessée.
En vain, Joséphine s'affligea des infidélités de
son volage époux et essaya, ainsi qu'elle le dit
encore elle-même, « de lui en témoigner sa
sensibilité ; malheureusement le cœur de son
mary étoit fermé aux impressions qu'elle s'étoit
flattée de lui faire », et ses représentations
restèrent sans effet.

Sur ces entrefaites, un heureux événement
parut devoir « resserrer leurs liens » : le 3 septembre 1781, Joséphine mit au monde son premier enfant, celui qui devait s'appeler, plus
tard, le prince Eugène.

Alexandre tint à sa femme « compagnie fidèle
jusqu'au rétablissement de ses couches », mais,
bientôt blasé sur les joies de la paternité, et
repris par ses goûts d'indépendance, il demanda
un congé et partit pour l'Italie le 25 novembre
de la même année. Lorsqu'il revint en France,
après huit mois d'absence, Joséphine, oubliant

tout grief, le reçut « avec les plus grands té-
moignages de joye », et comme, de son côté,
il paraissait « enchanté de se retrouver avec
elle », on put augurer, pour les deux époux,
un avenir meilleur.

Ce bonheur dura peu, paraît-il. Le 6 septembre 1783, Joséphine eut le chagrin de voir
partir son mari « pour un voyage d'outre-mer
qu'il avoit sollicité avec beaucoup de vivacité ».

Beauharnais ne faisait que suivre, en cette
circonstance, l'exemple de toute la jeune noblesse de son temps qui, exaltée par les idées
philosophiques, grisée d'enthousiasme pour la
liberté, embrassait, avec ardeur, la cause de
l'indépendance américaine et s'embarquait, en
foule, pour le Nouveau-Monde, afin d'aller se
placer sous les ordres de Rochambeau, de La
Fayette, du comte d'Estaing ou du marquis
de Bouillé.

« A son départ, M. de Beauharnois se flat-
toit de laisser son épouse enceinte, aiant été
obligé, par les circonstances, de séjourner à
Brest, il se félicita d'en apprendre la certitude »,

et, pendant quelque temps, les lettres qu'il lui adressa et qui ne « respiroient que des sentiments tendres et affectueux » purent soutenir la pauvre femme si cruellement délaissée.

Le 10 août 1783, la vicomtesse de Beauharnais accoucha d'une fille, rue de la Pépinière[1]. Joséphine n'eût-elle pas été confondue d'étonnement, si quelque clairvoyant astrologue, tirant l'horoscope de l'enfant, fut venu, à cette minute-là, lui annoncer qu'elle venait de donner le jour à une future souveraine de Hollande, à la reine Hortense, à la mère d'un empereur !

Hortense-Eugénie, portée, le lendemain même de sa naissance, à l'église de la Madeleine de la Ville-l'Évêque, y fut baptisée par l'abbé Leber, docteur en Sorbonne et curé de la paroisse. Elle eut, pour parrain, son grand-père : Joseph-Gaspard Tascher de la Pagerie, capitaine de dragons, chevalier de l'ordre royal et militaire de Saint-Louis, qui, étant absent, fut représenté par un jeune neveu : Robert-Gas-

---

1. Cette partie de la rue de la Pépinière prit, peu de temps après, le nom de rue Neuve-Saint-Charles.

pard Tascher de la Pagerie; et pour marraine:
la comtesse Claude de Beauharnais, née Mou-
chard, sa tante.

Il ne semble pas que Joséphine ait nourri
sa fille, quoique ce devoir, préconisé par Jean-
Jacques, fût devenu une affaire de mode et
qu'il fût de bon goût, pour une jeune mère,
de se montrer passionnée admiratrice de l'auteur de l'*Émile* et de suivre ses préceptes.

Hortense eut donc une nourrice: madame
Rousseau, qu'elle n'oublia pas dans la suite,
au temps de ses grandeurs, non plus que son
frère de lait: Vincent Rousseau, qui devint
son homme de confiance et qui lui resta attaché
jusqu'à la fin de sa vie.

Lorsque Alexandre de Beauharnais reçoit, à
la Martinique, la nouvelle de la naissance de
sa fille, des préliminaires de paix avec l'Angleterre ont suspendu les hostilités, et l'incor-
rigible vicomte fait de ses loisirs le plus mauvais emploi. Là, comme autrefois en France,
il a contracté de fâcheuses relations qui exer-
cent sur lui une funeste influence. Reçoit-il

de faux rapports sur sa femme, ou bien plutôt,
ainsi que l'assure cette dernière, veut-il « se-
couer un joug qui lui pèse? » Toujours est-il
que sa volonté de rompre avec elle se trouve
formellement exprimée dans sa correspondance,
où se peint toute la violence de son caractère[1].

« Si je vous avois écrit dans le premier mo-
.. ent de ma rage, dit-il, le 12 juillet 1783,
ma plume auroit brûlé le papier. »

Viennent ensuite les invectives les plus bles-
santes et les imputations les plus injurieuses ;
enfin, dans un paroxysme de colère et de dé-
raison, il en arrive à désavouer sa fille :

« J'en jure, par le ciel qui m'éclaire, c'est
un sang étranger qui coule dans ses veines. »

Le 20 octobre, Alexandre, qui vient de débar-
quer en France, ne s'est pas radouci ; il ne veut
pas retrouver sa femme dans sa maison, et il
lui écrit, de Châtellerault, une seconde lettre
pour lui intimer l'ordre d'en sortir :

---

1. Deux lettres d'Alexandre de Beauharnais sont annexées à
la plainte.

« Je ne vois aucun inconvénient, si vous devez retourner en Amérique, à vous laisser prendre ce parti-là. Vous pouvez opter entre le retour dans votre famille et le couvent à Paris. »

Hâtons-nous d'ajouter, pour l'honneur de Joséphine, que quelques mois ne se seront pas écoulés, avant qu'Alexandre rétracte ses odieuses accusations et avoue que ses lettres ont été dictées par « la fougue et l'emportement ».

Mais, le 26 octobre, lors de son arrivée à Paris, il est encore sous l'empire d'une violente irritation.

« Sans vouloir s'en rapporter, sur l'innocence de sa femme, à M. le marquis de Beauharnois, ni à aucune des personnes respectables qui ont toujours été témoins de son honnêteté, il persiste dans sa résolution de ne plus habiter avec elle, et, pour montrer qu'il la fuit, au lieu de descendre, en arrivant, dans l'hôtel dont il est le principal locataire, sis rue Neuve-Saint-

Charles [1] et dans lequel il demeure ordinairement, ainsy que monsieur son père et madame la vicomtesse de Beauharnois, son épouse,
il a été se loger ailleurs. »

Tandis que le vicomte s'établit d'abord rue
de Gramont, puis dans le petit hôtel de La
Rochefoucauld, rue des Petits-Augustins, Joséphine, lasse de « souffrir patiemment tant d'af-
fronts », se décide, à la fin de novembre, à
prendre un logement à l'abbaye de Panthemont,
et pour ne pas « manquer à ce qu'elle se doit
et à ce qu'elle doit à ses enfants », dépose, le
8 décembre, une plainte reçue par Louis Joron,
« conseiller du roy et commissaire au Châtelet
de Paris », suivie d'une demande de séparation
de corps et d'habitation, deux jours plus tard.

Cet acte d'énergie auquel, sans doute, il ne
s'attendait pas, et peut-être les remontrances
de son père et de madame de Renaudin qui,

1. La rue Neuve-Saint-Charles était la partie de la rue actuellement de la Boëtie, située entre le faubourg Saint-Honoré et la
rue de Courcelles.

loin d'abandonner Joséphine, ne cessèrent de protester en sa faveur, paraissent faire rentrer le fougueux jeune homme en lui-même. Il exprime des regrets de sa conduite passée et, pour éviter l'éclat toujours fâcheux d'un procès, consent à une séparation amiable que Joséphine accepte de son côté, « pour donner, dit-elle, à ses deux enfants, la preuve la plus forte de son amour maternel ».

Il est donc convenu qu'Eugène reste à son père, mais que, jusqu'à l'âge de cinq ans, il « sera laissé sous les yeux de sa mère ». Hortense demeure à celle-ci et son « père paiera pour elle mille francs, jusqu'à l'âge de sept ans, et quinze cents francs, passé cet âge, par trimestre et d'avance. »

L'injustice du sort veut que toujours les pauvres enfants soient victimes de la mésintelligence de leurs parents ; ballottés de l'un à l'autre, ils ont à souffrir dans leurs affections, et aussi de l'insuffisance des soins donnés à leur santé et à leur éducation. Telle fut la situation d'Eugène de Beauharnais qui, dès l'âge de

cinq ans, passe, des mains de sa mère, dans
celles de son père, lequel s'empresse de se dé-
barrasser de lui en le mettant au collège :

« Eugène est depuis quatre mois dans une
pension à Paris, écrivait la vicomtesse de Beauharnais à son père, le 20 mai 1787. Ma lettre
ne sera pas bien longue, étant occupée, dans
ce moment, à soigner ma fille dont M. de
Beauharnais a désiré l'inoculation. J'ai cru ne
devoir pas résister, dans cette circonstance, à
la prière qu'il m'a faite. Jusqu'à présent, je
n'ai qu'à m'en louer, puisque l'enfant est aussi
bien qu'on puisse le désirer. Elle fait ma consolation; elle est charmante par la figure et
le caractère; elle parle déjà fort souvent de
son grand-papa et de sa grand'maman la
Pagerie. Elle n'oublie pas sa tante Manette [1] et
me demande; « Maman, les verrai-je-ti bientôt? » Tel est son patois pour l'instant. »

Chaque semaine, Joséphine écrivait à son
mari pour lui donner des nouvelles de sa fille

---

1. Sœur de Joséphine.

et elle recevait, en échange, de celles de son fils, mais cette correspondance devait être une satisfaction bien insuffisante pour son cœur maternel. Il est très vraisemblable que cette séparation d'avec son fils fut la dernière goutte d'amertume qui fit déborder le vase et que, le seul lien qui la retenait en France venant à se briser, elle n'eut plus qu'un désir : fuir, se réfugier auprès de ses parents et retrouver, à leur foyer, un peu de calme et d'apaisement que son cœur meurtri réclamait.

S'embarquer ainsi, seule avec une fille en bas âge, pour la Martinique, constituait une bien grosse entreprise pour une femme aussi jeune. Fort heureusement, madame de Beauharnais avait fait la connaissance d'une créole de son âge : madame de Lamothe Hosten, née de Louvigny, dont le mari appartenait à une bonne famille de Bordeaux établie aux Antilles depuis un demi-siècle. Un allié de cette dame, M. de Rougemont [1] procura au Havre, à José-

1. M. de Rougemont était banquier, il demeurait, en 1803, à Paris, rue des Capucines.

phine, un logement qui lui permit d'attendre que le vaisseau de l'État, sur lequel devait s'effectuer la traversée, fut prêt à appareiller; mais celle-ci ne put modérer son impatience, et, malgré le mauvais temps et les supplications de son entourage, elle prit place sur un petit bâtiment qui mettait à la voile pour les colonies.

« Nous nous embarquâmes au Havre, racontait plus tard la reine Hortense, et je me souviens qu'un vent furieux manqua nous faire périr à l'embouchure même de la Seine, quoique je n'eusse alors que quatre ans, je me rappelle fort bien les terreurs de ma mère. »

Le séjour d'Hortense, à la Martinique, fit, sur sa jeune imagination, une impression profonde; elle n'aura pas oublié non plus, au bout de longues années, l'habitation des Trois-Ilets, les promenades en palanquin et les pauvres esclaves dont sa mère demandait sans cesse la grâce, pour leur éviter d'être punis.

Au moment du voyage de Joséphine à la
Martinique, les symptômes avant-coureurs de
la Révolution allaient s'accentuant chaque jour
davantage. Par une étrange inconséquence, la
noblesse, qui devait avoir le plus à souffrir
des réformes sociales, avait été la première à y
applaudir et à se mettre à la tête du grand
mouvement qui emportait le siècle.

Alexandre de Beauharnais, bavard et re-
muant, ne voulut pas perdre une si belle
occasion de donner carrière à sa verbeuse activité, il se lança, à tort et à travers, dans la
politique et proclama hautement ses idées

libérales et démocratiques dans le Blaisois, où se trouvaient le château et les terres dont il était seigneur.

Lui-même a retracé les différentes phases de sa carrière, au moment où elle touchait à un dénouement tout autre que celui qu'il en attendait [1]. « Il fut nommé, assure-t-il, lors de la création des premières assemblées provinciales, procureur-syndic du département de Blois, mais il refusa cette fonction, à cause de sa grande jeunesse, et n'accepta qu'une place d'administrateur compatible, d'ailleurs, avec l'état militaire qu'il suivait avant la Révolution. »

Envoyé, en 1789, aux États généraux, par la noblesse du bailliage de Blois, Alexandre, alors major en second d'infanterie, fixe sa résidence à Versailles où il habite l'hôtel de Brissac, rue du vieux Versailles, n° 7. Là, il est toujours

1. Voir à l'Appendice le *tableau* qu'Alexandre de Beauharnais rédigea en prison pour sa défense. Arch. nat. Série F 7 — 4591.

en mouvement : écrit, discute, pérore, sans trêve ni repos, aide à organiser des réunions, à fonder des clubs, entre autres le *Club-Breton*, d'où sortira la sinistre société des Jacobins qui quittera Versailles pour se transporter à Paris, en même temps que le Gouvernement, et dont Beauharnais deviendra président.

Lors de la fusion des trois ordres, Beauharnais est l'un des quarante-sept membres de la noblesse qui se réunissent spontanément aux Tiers État, pour aider à la formation de l'Assemblée constituante, et, dans la nuit du 4 août, il se signale parmi les plus empressés à offrir ses privilèges, droits et titres féodaux en holocauste à la patrie.

Le 19 octobre, l'Assemblée ayant rejoint le roi à Paris, Beauharnais retourne, dans la capitale, à son ancienne demeure, au petit hôtel de la Rochefoucauld, rue des Petits-Augustins, n° 33, et presque aussitôt, il est nommé secrétaire à l'Assemblée constituante, où il se vante de s'être montré, dès cette époque, « montagnard et républicain ».

Tandis qu'en France, le vicomte de Beauharnais se donnait tant de mouvement pour
jouer un rôle politique, sa femme assistait,
elle aussi, à la Martinique, au trouble croissant des esprits. Les doctrines libérales de 89,
jetées sans ménagement dans les colonies, fer-
mentaient déjà dans toutes les têtes, lorsqu'un
décret rendu par l'Assemblée, qui appelait les
hommes de couleur à partager les droits politiques que les blancs s'étaient jusque-là réser-
vés, mit le feu aux poudres et y causa d'incal-
culables malheurs.

« Tous, lit-on dans un rapport du Comité
colonial, [1] voulurent faire servir la Révolution
à satisfaire leurs passions particulières. Le
nègre voulut la liberté, l'affranchi le droit de
citoyen, les planteurs s'agrandir de l'autorité
des chefs... »

La guerre civile éclata et la famille Tascher
de la Pagerie s'y trouva mêlée.

Ce fut alors que Joséphine, voyant sa sécu-

_____

1. Arch. nat. A N, série A D 7/24.

rité menacée jusque dans le domaine paternel, songea à retourner en France. Elle savait qu'Alexandre avait été amené, par sa carrière politique, à renoncer à sa vie de plaisir et de dissipation, et elle espérait retrouver un mari, sinon repentant et contrit, du moins assagi et mieux disposé à son égard.

Sur ces entrefaites, M. Durant de Braye, commandant la station navale, qui retournait en France, fit offrir à Joséphine, dont il connaissait les intentions, de la recevoir à son bord, seulement il fallait se hâter, car les insurgés menaçaient de s'opposer à son départ. Celle-ci, heureuse de l'occasion qui s'offrait, n'eut même pas le temps de faire ses adieux à sa famille et vint prendre place précipitamment, avec Hortense, alors âgée de sept ans, sur la frégate *la Sensible*, qui appareilla le 4 septembre 1790.

. . . .

Le retour de madame de Beauharnais, en France, ne semble pas avoir amené une réconciliation définitive entre les deux époux, car ils continuent à vivre sous des toits séparés. Alexandre ne quitte pas la rue des Petits-Augustins et Joséphine, quand elle n'est pas à Fontainebleau, où le marquis de Beauharnais et madame de Renaudin résident depuis cinq ans, habite à Paris, rue de l'Université, ou plutôt rue Saint-Dominique, n° 43, car ces deux adresses, si l'on s'en rapporte au plan, paraissent désigner la même demeure, laquelle aurait eu, grâce aux jardins, une communication sur ces deux rues.

Toutefois, la désunion du mari et de la femme n'est pas aussi complète que par le passé, ils doivent se voir de temps à autre, en tout cas fréquentent la même société et ont, parfois, les mêmes amis. Les enfants servent, sans doute, de prétextes à ce rapprochement. Eugène poursuit, sans enthousiasme, ses études au collège d'Harcourt, mais il passe ses vacances chez sa mère où il retrouve avec joie, chaque année, sa sœur Hortense, qui, de son côté, travaille sous les yeux d'une gouvernante : madame Lannoy.

Plusieurs mois passent ainsi pendant lesquels la Révolution marche à pas de géant. En 91, M. de Beauharnais a été nommé, à deux reprises, président de l'Assemblée, mais sa carrière parlementaire a pris fin avec la Constituante, le 30 septembre de la même année, et il a, depuis, tourné son activité vers la carrière des armes.

Au début de 92, la guerre est imminente, et, déjà, les troupes commencent à se diriger sur la frontière. Alexandre de Beauharnais, adjudant-général-lieutenant-colonel, rejoint l'armée du Nord, dès le mois de janvier. En avril, lors de l'ouverture des hostilités, on le retrouve, à Valenciennes, partageant son temps, avec une égale ardeur, entre les camps et la tribune : tantôt valeureux soldat, tantôt orateur sans mesure, déversant *des torrents d'éloquence* au sein de la société des Jacobins de cette ville, dont il est président.

Nommé maréchal de camp le 7 septembre, il part pour l'armée du Rhin, en qualité de chef d'état-major et va s'établir à Strasbourg.

La vicomtesse de Beauharnais, demeurée à Paris avec sa fille, n'avait pu assister, sans effroi, aux sinistres événements dont cette ville était sans cesse le théâtre, et elle voyait, presque chaque jour, son entourage diminuer et ses amis partir pour l'émigration.

Après la journée du 10 Août, la panique, arrivée à son comble, s'empara de tous les esprits et le sauve-qui-peut devint général. Que va faire Joséphine au milieu d'un pareil désarroi? Ses ressources sont minimes et elle a, non seulement la charge de sa fille, mais aussi celle de son fils à cette époque de l'année, ce qui augmente encore ses responsabilités maternelles et les difficultés d'un voyage à l'étranger. Mettre d'abord ses enfants à l'abri, tel est son plus cher désir; délivrée de ce souci, elle pourra, ensuite, veiller plus facilement à sa sûreté personnelle. Un moment, elle croit avoir trouvé un moyen de salut.

M. et madame de Beauharnais comptaient, au nombre de leurs communes connaissances, une jeune femme de vingt-huit ans, la princesse Amélie-Zéphyrine de Hohenzollern - Sigmaringen et son frère, le prince Frédéric de Salm-Kirbourg, qui habitaient ensemble, rue de Lille, le bel hôtel occupé, aujourd'hui, par la chancellerie de la Légion d'honneur et placé, alors, sous le numéro 565. Imbu, comme son ami Beauharnais, des principes républicains, Frédéric de Salm, anciennement colonel à la suite des troupes allemandes, qui avait accepté, sans trop de répugnance, le traitement militaire de vingt mille livres que lui octroyait généreusement chaque année le roi de France, disait avoir quitté le service « afin de ne plus rien recevoir d'une cour corrompue et déprédatrice... »

Devant la tournure que prenaient les événements, le prince, sentant sa liberté individuelle menacée et considérant que les plus belles théories du monde ne la lui remplaceraient pas, songea à aller porter ses idées dans sa principauté de Kirbourg, ou, mieux encore, à mettre prudemment la mer entre lui et la Révolution française.

C'est ce départ qui servira les projets de Joséphine et qui lui fournira l'occasion tant souhaitée : persuadée que l'effervescence révolutionnaire ne saurait durer longtemps, elle confie Eugène et Hortense à son amie, la princesse de Hohenzollern, qui, séparée de son mari, suit le sort de son frère, et celle-ci emmène, d'abord, les deux enfants, dans une propriété du prince de Salm, à Saint-Martin, près de Saint-Pol, en Artois, en attendant que l'on pût tromper la surveillance dont l'émigration était l'objet et passer en Angleterre.

Cette séparation, qui, sans doute, coûtait à Joséphine, allait causer à Hortense son premier chagrin : nature affectueuse et expansive, elle sent le besoin, aussitôt arrivée en Artois, de confier à sa mère toute la tristesse dont son pauvre petit cœur déborde.

Madame de Beauharnais lui répond :

« Ta lettre m'a fait bien plaisir, ma chère Hortense ; je suis sensible aux regrets que tu témoignes d'être éloignée de ta maman ; mais, mon enfant, ce n'est pas pour longtemps ; j'espère que la princesse reviendra au printemps, ou j'irai te chercher. Ah ! comme tu vas être habile quand tu reviendras ! comme la princesse me dira du bien de mes petits enfants ! Je n'ai pas besoin de te recommander de bien l'aimer ; je vois, par ta lettre, que tu es bien reconnaissante de toutes ses bontés pour toi et pour ton frère ; témoigne-le-lui souvent, ma chère amie, c'est le moyen de me plaire.

» J'ai bien du chagrin d'être séparée de toi ; je n'en suis pas encore consolée. J'aime ma chère petite Hortense de tout mon cœur. Embrasse pour moi Eugène.

» Adieu, mon enfant, mon Hortense, je t'embrasse de tout mon cœur et je t'aime de même.

» Ta tendre mère.

» JOSÉPHINE BEAUHARNAIS[1].»

1. Cette lettre est d'une authenticité incontestable, puisqu'elle a été publiée par la reine Hortense, en 1833, chez Didot ; la signature, seule, semble de fantaisie, Joséphine, dans ce temps-là, signant toujours : *Lapagerie-Beauharnais*.

Hortense peut sécher ses larmes, car son épreuve ne sera pas de longue durée : lorsque Alexandre de Beauharnais, qui, dans son zèle patriotique, ne voulait entendre parler de l'émigration, non seulement pour lui, mais pour aucun des siens, est instruit, à Strasbourg, de la détermination que sa femme a prise sans le consulter, il envoie, en toute hâte, un courrier, en Artois, pour s'opposer à l'embarquement de ses enfants et réclamer Eugène.

Grande est la déception de la princesse de Hohenzollern à cette nouvelle, car, fidèle à la promesse faite à son amie, elle ne veut confier à personne son précieux dépôt. Victime de la fatalité, il lui faudra rebrousser chemin et rentrer à Paris pour y subir tous les coups du sort.

Cependant, Beauharnais, qui est instruit du retour de ses enfants, ne se tient pas encore pour satisfait ; très jaloux de son autorité, il exige qu'Eugène vienne le rejoindre pour être mis en pension à Strasbourg, donnant ainsi, sous prétexte de civisme, une nouvelle preuve du désaccord qui ne cesse de régner entre lui et sa femme, et de sa volonté bien arrêtée de maintenir la séparation de la famille.

III

Malgré l'abandon où son mari la laisse, madame de Beauharnais n'est pas complètement isolée à Paris, où elle réside habituellement. Quelques parents, quelques amis lui restent encore : de ce nombre est la comtesse Fanny de Beauharnais[1], marraine d'Hortense, qui a pour sa filleule des attentions quasi maternelles, et la marquise François de Beauharnais, femme du frère aîné d'Alexandre, que son mari a laissée seule et à peu près sans ressources pour suivre l'émigration et qui, elle aussi, a

1. Comtesse Claude de Beauharnais, plus connue sous le nom de comtesse Fanny.

une fille à élever. L'analogie de leur infortune a rapproché les deux belles-sœurs, séparées, jusque-là, par les opinions politiques de leurs époux, et Hortense retrouve une compagne dans sa jeune cousine Émilie, qui n'a que deux ans de plus qu'elle.

Joséphine vit aussi en grande intimité avec madame de Lamothe-Hosten, qu'elle a revue avec plaisir à son retour de la Martinique, et qui habite dans sa maison, rue Saint-Domi-nique. L'avait-elle connue aux colonies ou la rencontra-t-elle à Paris pour la première fois ? le fait importe peu ; toujours est-il que, nées la même année et créoles toutes deux, les jeunes femmes se prirent, l'une pour l'autre, d'une vive amitié que les épreuves resserrèrent encore par la suite. Madame de Lamothe-Hosten qui, à seize ans, se trouvait être mère de trois enfants, est veuve à présent. Ses deux fils aînés sont à Sainte-Lucie dans leurs pro-priétés de famille, et sa fille, Désirée, âgée de treize ans, qui est auprès d'elle et qu'elle songe déjà à marier, suivant l'usage créole, vient d'être fiancée à **M.** de Croisœuil, fils d'un magistrat de Fort-Dauphin (île de Saint-Domingue).

Désirée est la grande amie d'Hortense, malgré les quatre années qui les séparent, mais il est vrai que la fille de Joséphine est particulièrement sérieuse pour son âge. Témoin, depuis sa plus tendre enfance, des larmes de sa mère, des difficultés d'argent et des divisions de sa famille, elle a déjà fait, de la vie, un rude apprentissage qui, en mûrissant de bonne heure son caractère, a développé, en elle, une précoce raison.

Son éducation a été quelque peu négligée, mais l'enfant, qui est intelligente, aime à s'instruire et apprend facilement.

Pour les arts, surtout, elle montre des dispositions tout exceptionnelles et ses progrès sont surprenants ; très bien organisée pour la musique, elle a aussi une véritable passion pour le dessin, pour la peinture, et manifeste déjà un goût très vif pour la déclamation et pour la comédie, où elle trouvera plus tard, dans le monde, l'occasion de réels succès.

Par bonheur, madame de Lamothe-Hosten a un petit théâtre dans un de ses salons. Quelle aubaine pour Hortense! Avec Désirée et Émilie de Beauharnais, elle forme une troupe enfantine dont un parent de la famille Hosten se rappellera fort bien les débuts dans la représentation des *Proverbes*.

Il a gardé aussi le souvenir de la voix musicale d'Hortense, de son maintien simple et touchant et, surtout, de l'ensemble distingué de toute sa petite personne.

Elle n'est cependant pas jolie, mais, déjà, de la grâce un peu gauche de l'enfant se dégage le charme qui, plus tard, fera la principale séduction de la femme et qui se manifeste par l'harmonie de toutes les proportions, par l'agrément du sourire, par la douceur tout aimable et spirituelle de l'expression. Qu'on ne s'avise pas de chercher la régularité dans ses traits : un teint éclatant de fraîcheur, de grands yeux bleus, lumineux, légèrement teintés de mélancolie au repos, mais que la conversation anime et dans lesquels se trahit, par éclairs, un fond naturel de gaieté, des cheveux blond cendré, fins et soyeux, qui s'ébouriffent en grosses boucles autour de son visage rose : voilà sa vraie richesse ! Quant au reste de la tête, il ne faut pas le détailler, car les pommettes trop saillantes, qui font paraître la figure large et le menton pointu, la bouche aux mâchoires proéminentes, aux lèvres épaisses, prêteraient incontestablement à la critique.

En revanche, Hortense est admirablement douée du côté du cœur : bonté, tendresse, générosité et dévouement, droiture et franchise, telles sont les qualités qu'on s'accorde à lui reconnaître et que le temps ne fera que développer.

Très sensible, très impressionnable, elle souffrira, plus qu'une autre, des misères de la vie et se réfugiera dans la rêverie comme dans un pays enchanté où, un peu d'indolence naturelle aidant, elle vivra plus habituellement que dans la réalité. De là, ses distractions continuelles, dont les personnes chargées de son éducation ne pourront jamais arriver à la corriger.

Ce serait pourtant une erreur de la croire sombre et taciturne, tant s'en faut. Au milieu de ses compagnes, Hortense se montre gaie, animée, pleine d'entrain, aimant le plaisir et le mouvement, ayant, parfois, de ces *fous rires* irrésistibles et communicatifs qui persisteront au delà de la jeunesse et que le maintien digne et imposant de la reine ne parviendra pas toujours à dissimuler.

Son principal défaut est l'entêtement. « Hortense, tu es une *douce entêtée* », lui dira souvent son frère, dans leurs amicales querelles, et, ce reproche, il le lui adressera encore dans l'âge mûr : tant il est vrai que la nature, en dépit de l'éducation et des années, reste toujours la même, au fond !

En résumé, Joséphine peut, avec raison, être fière de sa fille; c'est, en ce moment, toute sa joie, son unique consolation, et l'obligation où elle est de s'occuper d'Hortense fait une heureuse diversion aux mille soucis qui l'accablent.

Comme distractions, madame de Beauharnais n'a plus guère que les petites réunions qui ont lieu, presque chaque soir, tantôt chez elle, tantôt chez madame de Lamothe-Hosten, laquelle reçoit une agréable société, ou bien encore chez une créole de Saint-Domingue, cousine germaine de celle-ci : madame Hosten, née de Merceron, femme d'un ancien lieutenant-colonel, chevalier de Saint-Louis.

Cette dame a un hôtel rue Saint-Georges où, en l'absence de son mari retourné aux Antilles, elle vit seule avec sa fille Pascalie, âgée de dix-huit ans. Là, Joséphine retrouve volontiers d'Eprémesnil, ex-député de l'Assemblée constituante, son ancien ami ; la comtesse de Beaufort, femme auteur plus connue sous le nom de comtesse d'Hautpoul ; la marquise Lefranc de Pompignan, d'Alainville, M. de Merceron, conseiller au parlement, frère de la maîtresse de la maison ; les parentes de ceux-ci : mesdames de Boissonnières et de Mornay [1], M. de Turbé, etc. Les femmes apportent leur

---

1. La fille de madame de Mornay deviendra sous-gouvernante des enfants de la reine Hortense. Elle épousera le comte de Mailly-Couronel.

ouvrage et l'on passe la soirée à s'entretenir des nouvelles du jour pour se retirer, discrètement, à dix heures [1].

Les massacres de Septembre, la mort du roi, la surveillance inquiète et tracassière de la police, les arrestations multiples qui constituent, pour tous, une perpétuelle menace, tels sont les thèmes ordinaires de la conversation.

On commente, avec passion, *le Moniteur ;* c'est par lui qu'on apprend le sort de nos armées, tant en Vendée que dans le Nord et sur le Rhin, et Joséphine peut y suivre, pas à pas, les brillantes étapes de la carrière militaire de son mari qui, le 8 mars 1793, est promu lieutenant-général à l'armée du Rhin et qui deviendra bientôt général en chef de cette même armée.

Dans la soirée du 4 avril, grande est l'émotion de la petite société réunie rue Saint-Georges. Depuis quelque temps déjà, madame

---

1. La plupart de ces détails nous ont été donnés par M. Gromard, de Dreux, qui les tenait directement de madame la comtesse d'Arjuzon, née Hosten.

Hosten sentait la malveillance envieuse du quartier gronder sourdement autour de son hôtel :

« Dans des moments comme ceux-ci, il vaut mieux être ignoré que trop en vue, — écrivait-elle à son mari, — notre maison est mal notée et chaque instant y devient plus critique ».

En effet, quelques voisins ayant été déclarer, au Comité révolutionnaire de la section du Mont-Blanc, « qu'il se tenoit des conciliabules et se formoit des rassemblements de gens suspects chez la citoyenne Hosten », que « son hôtel étoit un foyer d'intrigues et de conspirations royalistes », le Comité de Sûreté générale de la Convention ordonna une visite domiciliaire qui amena l'arrestation « *d'une quinzaine d'individus fort suspects*, parmi lesquels se trouvait d'Eprémesnil... » Conduits au Comité de Salut public, ils sont interrogés, puis relâchés, ayant eu, cette fois, la chance d'en être quittes pour la peur.

Le croirait-on? Malgré les épouvantes de la Terreur, en dépit de la mort qui planait sur les têtes, on songeait encore à fonder des familles, à édifier des foyers au milieu de tant de ruines! Le 31 août 1793, au moment des plus sombres jours de la Révolution, madame de Lamothe-Hosten mariait à Croissy, où elle passait ses étés depuis deux ans, sa fille Désirée avec Jean-Henri de Croisœuil, âgé de trente-deux ans, en présence de Jean Chanorier, seigneur de Croissy, de Philibert de Calon, de Jean-Baptiste-Louis Legras et de May, curé, tous quatre témoins.

Madame de Beauharnais et sa fille assistaient-elles à la cérémonie? le fait est assez vraisemblable, étant données les étroites relations d'amitié qui les attachaient à la famille de la jeune mariée, toutefois, rien ne l'atteste d'une manière positive. Il est certain, pourtant, que Joséphine connaît le pays, qu'elle a dû y faire quelques séjours chez son amie, car aussitôt que paraît la loi des suspects (17 septembre), cherchant à fuir Paris, son premier mouvement est d'aller se réfugier, avec Hortense, à Croissy, où sa présence est officiellement constatée, le 26 septembre 1793, par un acte de la municipalité de l'endroit.

Elle habite dans la grande rue du village, à deux pas de la Seine, une jolie maison, nichée dans la verdure, appartenant à un M. de Bauldry et précédemment occupée par madame de Lamothe-Hosten qui vient de lui céder la suite de son bail, pour aller demeurer tout près de là avec le jeune ménage de Croisœuil.

Outre ces derniers, madame de Beauharnais a la bonne fortune de retrouver, à Croissy, tout une petite colonie de Parisiens venus, comme elle, chercher, à la campagne, un abri contre l'orage révolutionnaire et avec lesquels elle ne tarde pas à se lier.

La plupart d'entre eux se groupent autour du château seigneurial de M. Chanorier qui reçoit, avec une grâce parfaite : M. et madame Campan, M. de Laurencel, l'abbé Maynaud de Pancemont, curé de Saint-Sulpice ; M. de Calon, M. et madame de Vergennes, amis intimes de madame de Lamothe-Hosten, et leurs deux filles, etc. etc.

Hortense n'est pas moins bien partagée que sa mère sous ce rapport, car elle a, pour se distraire, la société de sa chère Désirée, puis celle de Claire et d'Alix de Vergennes, qui n'ont guère, de plus qu'elle, que deux ou trois ans et qui deviendront, l'une, madame de Rémusat et, l'autre, la femme du général de Nansouty. Hortense sera vite en grande intimité avec l'aînée des deux sœurs.

« Je me souviens encore, dira plus tard madame de Rémusat, en parlant de cet été qu'elles avaient passé ensemble en 93, que la jeune Hortense venait me rendre visite dans ma chambre et, s'amusant à faire l'inventaire de quelques petits bijoux que je possédais, me témoignait souvent que toute son ambition pour l'avenir se bornerait à être maîtresse d'un pareil trésor. »

IV

Le 28 septembre, dès le début de son installation à la campagne, arrive inopinément, à Hortense, un compagnon sur la présence duquel elle ne comptait pas : c'était Eugène, de retour de Strasbourg, qui venait vivre avec sa mère.

Les circonstances avaient bien changé, pour Alexandre de Beauharnais, depuis le moment où il empêchait Joséphine de faire émigrer ses enfants et lui reprenait son fils.

Jouissant alors de la faveur populaire, il avait été, peu de temps après sa nomination de général en chef de l'armée du Rhin (30 mai 93), désigné à la Convention comme ministre de la guerre par le Comité de Salut public, mais, par une lettre datée du 16 juin, il avait refusé le poste qui lui était offert et dont il entrevoyait tous les périls...

« Je dois à la République d'exposer que je me crois plus propre à servir ma patrie contre la coalition des tyrans, au milieu de mes frères d'armes, que je ne le suis à être ministre, au milieu des orages d'une Révolution... »

Cependant, si le général de Beauharnais parlait beaucoup, — car il ne cessait d'adresser des morceaux de son intempérante éloquence, non seulement à l'Assemblée, mais encore à la Commune de Paris et à la société des Jacobins de Strasbourg dont il était président, — en revanche, il agissait peu.

Chargé de débloquer Mayence, où vingt mille Français luttaient désespérément contre deux armées alliées, il opéra avec une telle lenteur que les assiégés, à bout de munitions, vaincus

par la famine, furent obligés de capituler avant
l'arrivée de l'armée de secours.

Atteint dans son prestige par cet échec,
Beauharnais vit aussitôt s'opérer un revirement
complet dans l'opinion publique, qui accusa
les généraux de trahison et exigea que les
nobles fussent expulsés de l'armée.

Prévoyant sa disgrâce, le ci-devant vicomte
voulut essayer de ressaisir encore quelques
bribes de son ancienne popularité, en envoyant
à la Convention sa démission de général en
chef de l'armée du Rhin, mais en demandant,
comme une faveur, « à prendre rang, en qualité de soldat, parmi les bons républicains de
cette armée ». Après avoir fait quelque temps
la sourde oreille, la Convention accepta la
démission du général, le 21 août, mais elle
l'obligea à quitter l'armée et à revenir immédiatement à Paris.

Rentré dans la vie civile, Alexandre s'adonne
tout entier à sa manie bavarde et écrivassière;
il part pour le Blaisois, se fait nommer maire
de la Ferté-Aurain (ci-devant Ferté-Beauhar-

nais), sa commune, où il dit « avoir exercé pendant six mois cette fonction à la satisfaction de ses concitoyens », visite la Société populaire de Blois, devient président de celle de Chaumont et se vante hautement « de n'avoir jamais été qu'avec les patriotes et de n'avoir pas, depuis le commencement de la Révolution, habité une seule ville où il n'ait été membre de la Société populaire ».

Comment, au milieu de toutes ces œuvres patriotiques, M. de Beauharnais aurait-il pu trouver le temps de s'occuper de son fils?

Ce fut alors que, tenant essentiellement à garder la liberté de ses mouvements, et ne pouvant, d'un autre côté, laisser indéfiniment l'enfant sans lui à Strasbourg, il eut l'idée de l'envoyer rejoindre Joséphine à Croissy.

La vicomtesse de Beauharnais, ainsi investie de la confiance de son mari, crut utile de se montrer à la hauteur des circonstances. En digne épouse d'un Jacobin, elle voulut faire de son fils un *bon patriote*, et, en fervente admiratrice de Jean-Jacques, un *honnête et vertueux artisan*.

3.

En conséquence, la commune de Croissy inscrivit Eugène au nombre des habitants armés : « Eugène Beauharnais, âgé de douze ans, un fusil et un sabre, 16 octobre 1793 », et en même temps il fut placé, comme apprenti, chez le menuisier Jean-Baptiste Cochard, bien connu pour son *civisme* [1].

Quant à Hortense, non moins heureusement partagée que son frère, elle fut appelée à jouir aussi des prétendus bienfaits de cette éducation républicaine et égalitaire : « Ma sœur Hortense fut mise en apprentissage chez une couturière, » a dit le prince Eugène dans ses Mémoires. . . . .

Cependant, les arrestations arbitraires se multiplient, on accélère les meurtres juridiques. Marie-Antoinette, madame Roland, le duc

---

1. C'était, au fond, un brave homme, qui ne chercha pas à se prévaloir des titres qu'il aurait pu avoir à la reconnaissance de son *apprenti*. Bien souvent, sous l'Empire, ses amis l'engagèrent à se présenter à la Malmaison, mais toujours il s'y refusa : « Ils doivent savoir ce qu'ils ont à faire, répondait Cochard, ce n'est pas à moi à le leur rappeler. » Son désintéressement ne fut pas récompensé, paraît-il, car le prince Eugène oublia de venir le chercher.

d'Orléans, Bailly, les généraux Houchard, Custine, et mille autres têtes illustres sont tombées sous le couteau de la guillotine.

Le 31 octobre, jour de l'exécution des Girondins, la marquise François de Beauharnais, belle-sœur de Joséphine, poursuivie comme femme d'émigré, malgré son divorce prononcé au mois de juillet précédent dans le but d'échapper aux persécutions qui atteignaient les suspects, fut arrêtée à Champigny-sur-Marne, où elle s'était réfugiée avec sa fille Émilie.

Emmenée à Paris, en même temps que son amie mademoiselle de Sarrobert, sœur d'un émigré ex-gouverneur du duc d'Enghien, chez laquelle elle logeait, toutes deux furent écrouées à Sainte-Pélagie, qui était une des plus humides et des plus malsaines prisons de la capitale.

C'est en vain que la pauvre petite Émilie multiplie les démarches pour obtenir la liberté de sa mère; c'est en vain qu'elle écrit jusqu'à cinq lettres, tantôt aux membres du Comité de Sûreté générale, tantôt à ceux du Comité révolutionnaire de la section des Piques, pour essayer de les attendrir.

« Citoyens, dit-elle une première fois, une fille âgée de treize ans, abandonnée depuis la détention de sa mère et qui se trouve au moment de ne pouvoir subvenir aux besoins les plus nécessaires, vous demande en grâce la liberté de sa malheureuse mère [1]. »

« Citoyens, écrit-elle de nouveau, écoutez, je vous en supplie, ma voix qui vous redemande sa mère. Malheureuse fille que je suis! Abandonnée des soins de maman, voilà près de quatre mois qu'elle est à Sainte-Pélagie; arrêtée sans cause, elle est dans une chambre sans feu, privée de secours; sa santé, qui a toujours été très mauvaise, dépérit tous les jours, et, si promptement elle ne sort de cette prison, j'ai bien peur qu'elle n'y perde la vie!... Oh! citoyens, prévenez ce moment fatal qui mettrait le comble à mon malheur et désolerait toute sa pauvre famille; réclamez-la,

____

1. Arch. nat., F. 7. — 4591. V. l'Appendice.

citoyens, et elle sortira, j'ose vous demander cette grâce que j'espère que vous ne me refuserez pas.

» Vous savez qu'elle n'a rien contre elle, combien elle est douce, bonne, humaine et bien connue pour son civisme. Accordez-moi ce que je vous demande. Rendez-moi cette mère bien tendre que je chéris; que ce moment, pour moi tant désiré et souhaité, vienne donc vite; quand la reverrai-je? Je n'ai pas encore eu ce plaisir depuis qu'elle est arrêtée.

» Citoyens, exaucez, je vous prie, ma prière que je vous adresse, que moi et maman nous vous devions notre bonheur, notre réunion et notre reconnaissance qui sera éternelle.

« ÉMILIE, fille BEAUHARNOIS, »
Rue Neuve-des-Mathurins, 856. [1] »

Ces touchants appels restèrent sans écho, les vertueux citoyens ne connaissaient pas la pitié.

Joséphine, de son côté, n'était pas demeurée

[1]. Arch. nat., série F. 7. — 4775 13.

inactive. Naturellement bonne et serviable, elle n'hésite pas, lorsque lui parvient la nouvelle du malheur qui frappe sa belle-sœur, à se mettre en campagne et à faire agir toutes les influences dont elle peut disposer en faveur de cette dernière.

Les anciennes relations du vicomte de Beauharnais lui ont conservé, dit-on, beaucoup d'influences dans les bureaux des ministres. Elle se présente donc chez le représentant du peuple Vadier, mais celui-ci, devinant, sans doute, l'objet de sa visite, puisque avec David et Jagot il est l'auteur de l'arrestation, refuse de la recevoir.

Alors, elle lui écrit et profite de l'occasion pour lui recommander son mari, qui est fort compromis; mais elle a beau essayer de le prendre par les sentiments, vanter le « patriotisme pur et vertueux..., l'humanité, la justice », voire même « la sensibilité de cet estimable citoyen », se dire « sans-culotte montagnarde », affirmer que son ménage est « un ménage républicain », que ses « enfants, avant la Révolution, n'étaient pas distingués des sans-culottes », etc., etc., Vadier reste insensible à ces adroites flatteries et elle ne pourra pas plus obtenir la liberté de sa belle-sœur qu'elle n'arrivera à protéger son mari.

Le 12 ventôse an II (2 mars 1794), les mêmes Vadier, Jagot, etc., du Comité de Sûreté générale, signaient un arrêté qui enjoignait au citoyen Sirejean, commissaire du Comité, de s'adjoindre deux membres du Comité de Surveillance de la commune de Romorantin, pour se saisir de la personne du « ci-devant commandant en chef de l'armée du Rhin » et de le conduire dans « une maison d'arrêt à Paris [1]. »

Appréhendé, le 21 ventôse, à la Ferté-Aurain, Beauharnais fut emmené à Paris et incarcéré aux Carmes le 24 du même mois (14 mars), bien qu'il affirmât que son « arrestation ne pouvait être attribuée qu'à une erreur ».

---

1. Arch. de la Préfecture de police, carton 7, pièce 380.

C'est dans cette prison qu'aboutissaient les rêves ambitieux du malheureux vicomte !

A cette nouvelle, Joséphine, n'écoutant que son cœur, vole au secours de son mari : lettres, démarches, prières, supplications, elle n'épargne rien pour le tirer de peine, sans calculer que son dévouement peut la rendre suspecte à son tour. C'est pourtant ce qui arrive.

Dans la soirée du dimanche de Pâques, 1er floréal (21 avril), deux membres du Comité révolutionnaire de la section des Tuileries, assistés d'un membre du Comité révolutionnaire de la section Fontaine-Grenelle, se présentèrent rue Saint-Dominique, porteurs d'un arrêté du Comité de Sûreté générale, ordonnant que « la nommée Beauharnois, femme du ci-devant général, rue Dominique, n° 43, la nommée Hosten, même maison, et le nommé Croisœuil, leur allié, demeurant à Croissy, près Chatou, seront saisis par les citoyens Lacombe et George..., perquisitions seront faites, les scellés apposés, procès-verbal dressé, et les sus-nommés et tous autres chés eux trouvés suspects, conduits dans des maisons d'arrêt de Paris, pour y rester détenus par mesure de sûreté générale ».

Les commissaires constatent, dans leur procès-verbal, que la « citoyenne Beauharnois, » ayant pris connaissance de l'ordre qu'ils étaient chargés d'exécuter, présenta ses papiers et correspondances, mais « après la recherche la plus scrupuleuse », ils ne trouvèrent « rien de contraire aux intérêts de la République, au contraire une multitude de lettres patriotiques qui ne peuvent faire que l'éloge de cette citoyenne ».

Les perquisitions terminées, les scellés furent apposés sur divers meubles de l'appartement et « la citoyenne Marie Lannoy, amie de la citoyenne Beauharnois », en fut instituée gardienne.

Après avoir signé le procès-verbal avec les commissaires et Marie Lannoy, Joséphine fut conduite d'abord rue de Lourcine, à la prison des Anglaises, d'où, faute de place sans doute, on la renvoya à la maison des Carmes, rue de

Vaugirard, où elle fut écrouée le lendemain, 2 floréal[1].

C'est là qu'elle retrouva son mari, dont l'adversité avait singulièrement amendé le caractère et qui, pour la première fois de sa vie peut-être, allait s'attacher à sa femme et à ses enfants, qu'il était à la veille de quitter pour toujours.

Quant à madame de Lamothe-Hosten, dont le « domicile, tant à la ville qu'à la campagne », avait été signalé « comme un lieu de rassemblements de gens suspects, entre autres d'un nommé Calon, Vergenne, perre et fils aîné... », elle fut arrêtée à Croissy avec sa fille et son gendre, malgré les efforts de la municipalité,

---

1. « *Section des Tuileries. — Comité de surveillance révolutionnaire.* — Le concierge de la maison d'arrêt des Carmes, (biffé Anglèses, *sic*), rue de Lourcine, recevra la citoyenne Beauharnois, femme du général, suspecte aux termes de la loi du 17 septembre dernier, pour y être détenue jusqu'à ce qu'il en soit autrement ordonné, et par mesure de sûreté générale.

» Fait au Comité, le 2 floréal, l'an II de la République française une et indivisible.

» *Signé :* CHARVET, GEORGE, LACOMBE, PICOT, MOREAU, CANDY, LOUIS-FRANÇOIS. »

(Arch. de la Préf. de pol., carton 8, pièce 372.)

qui comptait M. de Croisœuil parmi ses membres. « On vit donc s'acheminer sur la prison des Carmes, à Paris, les trois suspects, dont une jeune femme qui n'avait pas encore quinze ans » et qui, de plus, se trouvait enceinte [1].

1. Voir l'ouvrage curieux et très documenté intitulé : *Le village de Croissy-sur-Seine sous l'ancien régime*, par J.-Charles Bonnet. Angers, Imp. A. Burdin et Cie, 1895.

V

Que sont devenus les enfants Beauharnais
au milieu d'une pareille catastrophe? Chose
étrange, nul document ne signale leur présence.
A défaut de pièces officielles, il convient de
recueillir une tradition du village de Croissy,
d'après laquelle Joséphine, afin de pouvoir
s'adonner tout entière aux démarches qu'elle
tentait en faveur de son mari, aurait confié
ses enfants à madame de Lamothe-Hosten, pour
toute la durée de son absence ; celle-ci ayant
été arrêtée, Eugène et Hortense grossirent le
cortège des prisonniers et furent dirigés, en
même temps qu'eux, sur Paris, où on les remit

aux mains de Marie Lannoy, dans la maison que leur mère avait quittée deux jours auparavant.

En tout cas, la présence des deux enfants dans la capitale se trouve attestée par deux lettres, publiées bien des années plus tard, par Hortense, et qui lui furent adressées à Paris, sept jours après l'incarcération de sa mère.

« De la prison des Carmes, le 9 floréal an II.

» Ma chère petite Hortense, il m'en coûte d'être séparée de toi et de mon cher Eugène ; je pense sans cesse à mes chers enfants que j'aime et que j'embrasse de tout mon cœur.

» JOSÉPHINE. »

Le même pli contenait aussi une lettre de M. de Beauharnais.

« Ma chère petite Hortense, tu partages donc mes regrets de ne pas te voir, mon amie ; tu m'aimes et je ne peux pas t'embrasser. Pense à moi, mon enfant, pense à ta mère ; donne

des sujets de satisfaction aux personnes qui
prennent soin de toi et travaille bien, c'est par
ce moyen, c'est en nous donnant l'assurance
que tu emploies bien ton temps que nous
aurons plus de confiance encore dans tes regrets et dans tes souvenirs.

» Bonjour, mon amie, ta mère et moi sommes
malheureux de ne te point voir. L'espérance
de te caresser bientôt nous soutient et le plaisir
d'en parler nous console.

» ALEXANDRE BEAUHARNAIS. »

L'abandon des pauvres enfants est aussi
absolu que possible; ils sont seuls avec leur
gouvernante, qui ne peut rien pour eux, en
dehors de son dévouement, et jamais personne
ne vient les voir.

Tous les amis, tous les parents qui n'ont
pas pu émigrer ni se cacher en province,
comme la comtesse Fanny de Beauharnais,
madame de Renaudin, etc., se trouvent sous
les verrous. Mesdames Hosten de Merceron et
de Beaufort sont écrouées à Port-Libre, la

marquise Lefranc de Pompignan est dans la maison d'arrêt de la section du Mont-Blanc, le prince de Salm, qui a vainement tenté d'émigrer, est enfermé aux Carmes. Quant à la princesse de Hohenzollern, dont les projets de fuite ont été si fâcheusement entravés par M. de Beauharnais, elle est gardée à vue, par un gendarme, dans son hôtel, rue de Lille, où Eugène et Hortense vont la visiter chaque jour.

De temps en temps, ceux-ci doivent entrevoir aussi Émilie de Beauharnais, dont le malheur est encore plus complet que le leur. La pauvre petite n'a même pas, comme ses cousins, un cœur tendre et fidèle auprès duquel elle puisse se réfugier pour trouver un peu de chaleur et de réconfort. Restée seule, rue Neuve-des-Mathurins, n° 856, dans l'appartement de sa mère, avec des domestiques révolutionnaires et sans-culottes, il lui faut se soumettre, sans murmure, à tous leurs caprices, suivre les processions patriotiques que l'on renouvelle tous les décadis, en l'honneur de la République, et partager les jeux des enfants du quartier, qui ne ménagent pas les avanies à la fille d'un ci-devant marquis émigré et d'une prisonnière.

Sa mère est gravement malade, à Sainte-Pélagie, d'une jaunisse compliquée de divers accidents et, malgré ses supplications réitérées, elle n'a pu obtenir la permission d'aller lui donner ses soins.

Plus favorisés, Eugène et Hortense vont, à certains jours, au greffe de la prison des Carmes, où Joséphine est autorisée à les recevoir avec leur gouvernante.

Pour tâcher de distraire la prisonnière, ils lui amènent un affreux carlin nommé *Fortuné*, dont ils raffolent, et qui finit par jouer un rôle auquel son métier de chien ne semblait pas devoir le destiner. Un geôlier assistait toujours aux entretiens de la mère et des enfants, mais comme Fortuné était moins surveillé que les autres visiteurs et qu'on lui accordait le privilège de pénétrer jusque dans l'intérieur de la prison, mademoiselle Lannoy

eut l'idée de cacher, sous son collier, un billet
contenant tout ce qu'on ne pouvait dire de vive
voix à sa maîtresse. Madame de Beauharnais
s'aperçut du stratagème, répondit par le même
moyen et continua à correspondre ainsi, avec
ses amis de l'extérieur, par l'entremise de ce
messager improvisé et sous les yeux mêmes
du gardien.

En dehors des jours de visites, Joséphine et
ses enfants ne négligeaient pas une occasion de
se donner mutuellement de leurs nouvelles ou
de s'envoyer quelques mots de tendresse. Hortense a conservé encore une lettre que madame de Beauharnais lui avait écrite de la
prison des Carmes. La voici :

« Ma chère petite Hortense, dis à la citoyenne
Lannoy que je ne verrai ton papa que dans
trois heures d'ici et que je lui enverrai ce
qu'elle m'a demandé hier.

» Je suis bien aise, ma chère fille, d'avoir
une petite lettre de toi, ce matin, et une de
mon chère Eugène; elles me font beaucoup de

bien. Je t'embrasse de tout mon cœur, je t'aime de même, mon cher enfant.

» Embrasse bien tendrement pour moi la citoyenne Lannoy.

» JOSÉPHINE. »

Le 27 floréal, Eugène et Hortense, aidés sans doute par leur zélée gouvernante, adressaient à la Convention la requête suivante, pour obtenir la liberté de leur mère emprisonnée depuis dix-sept jours.

« D'innocents enfants réclament auprès de vous, Citoyens représentants, la liberté de leur tendre mère, de leur mère à qui on n'a pu reprocher que le malheur d'être entrée dans une classe à laquelle elle a prouvé qu'elle se croyait étrangère, puisqu'elle ne s'est jamais entourée que des meilleurs patriotes, que des plus excellents montagnards. Ayant demandé son ordre de passe pour se soumettre à la loi du 26 germinal, elle fut arrêtée le soir, sans pouvoir en pénétrer la cause.

» Citoyens représentants, vous ne laisserez pas opprimer l'innocence, le patriotisme et la vertu. Rendez la vie à de malheureux enfants, leur âge n'est pas fait pour la douleur.

» EUGÈNE BEAUHARNOIS,

» âgé de douze ans.

» HORTENSE BEAUHARNOIS,

» âgée de onze ans. »

Pas plus que leur cousine Émilie, les enfants Beauharnais n'arrivèrent à se faire entendre de la Convention, qui demeura sourde à leurs voix.

Madame de Beauharnais, qu'une lueur d'espérance soutenait encore, fut anéantie de cet échec et ne chercha pas à dissimuler son profond abattement. Devant les souffrances de la prison et les terreurs toujours présentes de la guillotine, la pauvre femme ne se piquait nullement d'héroïsme et, malgré les stoïques exemples de madame de Custine, veuve du général, sa compagne de chambre, qui ne voulait pas céder au sommeil avant d'être sûre de ne montrer aucune marque de faiblesse, si on venait la réveiller au milieu de la nuit pour la conduire au supplice, elle passait son temps à *tirer les cartes* en cachette et à pleurer devant tout le monde, au grand scandale de ses compagnes d'infortune. Cette pusillanimité leur paraissait du plus mauvais goût à ces détenus qui se vengeaient des maux physiques par un beau mépris et qui, au seuil de l'éternité, n'admettaient guère que l'on pût se soucier d'autre chose que de préoccupations romanesques.

C'est ainsi que, pendant que M. de Croisœuil exhortait sa belle-mère à la résignation et la préparait à la mort, un jeune sous-lieutenant, Charles-Louis-Ange de Beauvoir, à la veille de monter sur l'échafaud, gravait, sur le mur de son cachot, les vers suivants qu'il avait composés pour Désirée de Croisœuil, l'amie d'enfance d'Hortense, dont les beaux yeux noirs avaient enflammé le cœur.

> Amour, viens recevoir ma dernière prière ;
> Accorde à Désirée un avenir heureux,

Daigne ajouter surtout à sa belle carrière
Les jours que me ravit un destin rigoureux.
Mon cœur brûlant adore Désirée :
Quand Atropos viendra trancher mes jours,
Le dernier des soupirs sera pour les Amours,
Qui lui diront combien elle fut adorée.

Joséphine, au contraire, ne pouvait se résigner à prendre son sort en patience. Sept semaines après son incarcération, elle se raccrochait à une dernière planche de salut et faisait écrire, sans plus de succès, par ses enfants, une seconde pétition à la Convention pour demander sa liberté.

« Ce 26 prairial de l'an II de la République française une et indivisible.

» Citoyens représentants, permettez que des enfants privés de leur tendre mère élèvent leur voix supliante *(sic)* pour vous prier de hâter le moment qui doit la rendre à la liberté. Toutes les pièces concernant la citoyenne Alexandre Beauharnois, arrêtée le 2 floréal par mesure de sûreté générale, sont maintenant à la commission des détenus, excepté le mandat d'arrêt.

4.

On n'attend que cette pièce pour délibérer sur son affaire. Veuillez donc bien, Citoyens représentants, donner des ordres pour qu'elle y soit promptement adressée. Quand on n'a point à redouter le jugement, on brûle qu'il soit rendu. Citoyens représentants, jugez de notre impatience.

» Les enfants de la citoyenne Alexandre Beauharnois,

« EUGÈNE et HORTENCE *(sic)* BEAUHARNOIS[1]. »

De son côté, Alexandre de Beauharnais ne restait pas inactif; il adressait, au Comité de Sûreté générale, un *tableau* complet de ses opinions, destiné à sa justification et dans lequel il commençait par vanter l'éducation de ses enfants : Un fils « âgé de douze ans et demi qui apprend, à Paris, le métier de menuisier » (ce qui ferait supposer qu'Eugène, après avoir quitté Croissy, avait continué à exercer

1. Arch. nationales, série F 7.

son état chez un autre patron, peut-être faubourg Saint-Germain, comme M. de Lavalette l'écrit dans ses *Mémoires*) « une fille de onze ans, aussi à Paris, élevée, chez sa mère, dans des principes républicains ». Sa femme « très bonne patriote » qui est détenue comme lui « présente, de son côté, dit-il, des moyens de défense ». Suivent des professions de foi toutes brûlantes de civisme : Il a « adoré la liberté pour elle-même, pour le bonheur du peuple et non par intérêt, ni par ambition ». Enfin il termine ce beau factum, la dernière de ses élucubrations patriotiques, par un serment à la Brutus qui fait sourire, quand on songe à l'avenir de sa postérité. « Si la liberté. que j'ai constamment servie, m'est rendue, je n'en veux faire usage que pour augmenter dans le cœur de mes enfans la haine des rois. »

Tout ce verbiage fut dépensé en pure perte et n'empêcha pas le tribunal révolutionnaire de le citer à sa barre le 5 thermidor.

Impliqué avec le prince de Salm, M. de Beauvoir, le jeune amoureux de Désirée de

Croisœuil, et quarante-six autres personnes, dans une de ces conspirations de prisons, qui avaient été imaginées à dessein d'alimenter la guillotine de grandes *fournées*, Beauharnais fut aussi accusé de trahison, et sa retraite du commandement de l'armée du Rhin, dont il était si fier, fut qualifiée de « manœuvre pour faciliter la prise de Mayence ».

La procédure, pour le général de Beauharnais et ses compagnons, est des plus sommaires ; leurs dossiers ne portent aucune trace d'interrogatoire, pas plus que le moindre essai de défense, les défenseurs officieux n'existant plus, l'on se borne, sauf pour trois d'entre eux, à les condamner, sans phrases, à la peine de mort.

Fidèle au rôle qu'il s'était tracé, le mari de Joséphine restera prétentieux et théâtral jusque sous le couteau de la guillotine, et, dans la dernière lettre qu'il lui adressera, les déclamations politiques tiendront plus de place que les tendres effusions. Ses recommandations, à l'égard de ses enfants, seront brèves.

« Console-les, dira-t-il, en les éclairant et surtout en leur apprenant que c'est à force de vertus et de civisme qu'ils doivent effacer le souvenir de mon supplice et rappeler mes services et mes titres à la reconnaissance nationale. »

L'exécution eut lieu à la barrière de Vincennes. Ce fut ainsi que périt, à l'âge de trente-quatre ans, le père de la reine Hortense !...

Cependant, la Providence veillait sur elle et lui conservait sa mère.

.   .   .   .

On touchait au 9 thermidor.

Robespierre renversé, les prisons ouvrirent leurs portes.

Le 19 thermidor (6 août), Joséphine obtenait sa délivrance, grâce à l'entremise de Tallien. Tous les prisonniers s'associèrent à sa joie et le lui témoignèrent par des applaudissements qui l'émurent au point de lui faire perdre connaissance. Ayant repris ses sens, elle leur

fit ses adieux et sortit accompagnée des vœux
de toute la maison.

Madame de Beauharnais, une fois libre,
s'employa activement à tirer ses amis de
prison ; le 22 thermidor, elle parvenait à en
faire sortir madame de Lamothe-Hosten, M. et
madame de Croisœuil, qui furent remis entre
les mains de la municipalité de Croissy
accourue pour les réclamer.

Elle fut moins heureuse, sans doute, dans
ses démarches en faveur de sa belle-sœur, qui,
traînée de prisons en prisons, resta sous les
verrous de longs mois encore. Rendue enfin à
sa fille, le 7 octobre, la marquise François de
Beauharnais courut se réfugier, avec elle, à
Fontainebleau, auprès de son beau-père, où
se trouvaient déjà Joséphine avec Eugène et
Hortense.

Les biens d'Alexandre de Beauharnais ayant
été confisqués, sa veuve se trouvait dans un
état de gêne voisin de la misère, d'autant plus
que le vieux marquis, presque ruiné à son
tour, ne pouvait lui venir en aide.

« Vous avez sans doute appris, écrivait-elle à sa mère, le 1ᵉʳ janvier 1795, les malheurs qui me sont arrivés et qui ne me laissent, avec mes enfants, d'autres moyens d'existence que vos bontés. Je suis veuve et privée de la fortune de mon mari, ainsi que ses enfants. Vous voyez, ma chère maman, combien j'ai besoin d'avoir recours à vous... Je compte sur vos bontés pour ne pas me laisser plus long-temps dans le besoin et me faire, tous les trois ou quatre mois, un envoi. »

Madame Tascher de la Pagerie répondit, paraît-il, à la demande de sa fille, dans la mesure de ses moyens ; il est de fait que sans cette assistance, sans celle de quelques amis, au nombre desquels se trouvait M. de Croisœuil qu'elle voyait à Croissy où elle continuait à avoir sa maison à bail, la future impératrice eut, parfois, été bien embarrassée de pourvoir à sa subsistance et à celle de ses deux enfants. Le peu qu'elle possédait se trouvait sous scellés, rue Saint-Dominique. Heureusement Tallien,

qui déjà était venu à son secours, lui continuait ses bons offices et lui faisait restituer,
le 25 février 1795, « ses linges, hardes, meubles, bijoux et effets ».

Les plus mauvais jours sont enfin passés;
Joséphine, à présent, va s'occuper de pourvoir
à l'éducation de ses enfants forcément inter-
rompue pendant de longs mois. Elle les placera
tous les deux en pension ; désormais, la jeunesse d'Hortense, jusque-là comprimée par le
malheur, va prendre sa revanche et pourra,
dans un milieu d'insouciance et de gaieté,
s'épanouir librement.

LIVRE II

LA PENSION

I

L'institution de madame Campan, à Saint-Germain-en-Laye, semblait tout indiquée au choix de la vicomtesse de Beauharnais, lorsqu'elle voulut placer sa fille Hortense en pension.

Joséphine connaissait madame Campan d'ancienne date; elle l'avait rencontrée maintes fois chez M. Chanorier, seigneur de Croissy, ce qui l'avait mise à même d'apprécier ses hautes capacités, ainsi que son réel mérite.

Fille de M. Genet, premier commis aux Affaires étrangères, madame Campan reçut une éducation supérieure à celle de la plupart des

femmes de son temps. Elle parlait l'anglais
couramment ; Goldoni lui enseigna l'italien,
Albanèse la musique ; Duclos, Thomas, Rochon
de Chabannes, Marmontel, l'initièrent aux
beautés de la littérature classique.

Pourvue, dès l'âge de quinze ans, d'une
charge de lectrice auprès de Mesdames, filles de
Louis XV, dotée, par le roi, de cinq mille livres
de rente et mariée, le 11 mai 1774, à François
Bertholet Campan, maître de la garde-robe de
madame la comtesse d'Artois et officier de la
chambre de madame la Dauphine, madame
Campan parvint au poste de première femme
de chambre de Marie-Antoinette, qu'elle avait
eu fréquemment l'honneur d'accompagner sur
la harpe ou sur le clavecin, lorsque la reine,
alors dauphine, venait, chez madame Victoire,
chanter les airs favoris de Grétry.

Depuis, elle lui donna aussi des leçons
d'anglais.

Lorsque éclata la Révolution, madame Campan resta fidèle à la malheureuse souveraine
et demanda à partager sa captivité au Temple,

mais ce dangereux honneur lui fut refusé par Pétion.

Madame Campan passa le temps de la Terreur à Coubertin, village de la vallée de Chevreuse, auprès de sa sœur, madame Auguié, qui était, elle aussi, femme de chambre de la reine, et dont le mari, receveur général des finances, se trouvait incarcéré à Port-Libre.

On était à la veille du 9 thermidor et les deux femmes avaient presque miraculeusement échappé à la prison, lorsque des commissaires se présentèrent pour arrêter madame Auguié, compromise pour avoir prêté vingt-cinq louis à la reine, dont on avait volé la bourse dans la journée du 10 août. Terrifiée par l'apparition des gendarmes, madame Auguié se crut perdue. Sur le point de fuir, elle plaça sa plus jeune fille, âgée de huit ans, entre les bras de madame Campan, sa marraine. « Si tu échappes à la mort, lui dit-elle, Adèle sera ta fille. » Peu d'heures après, on apprenait que la pauvre femme, complètement affolée par ces poursuites, s'était précipitée par une fenêtre, de la hauteur d'un troisième étage, et avait été tuée sur le coup.

Robespierre renversé, madame Campan, qui avait une vieille mère à soutenir, un mari malade à soigner et un fils de neuf ans à élever, songea, pour vivre, à tirer parti de son instruction, en fondant une maison d'éducation destinée à remplacer, pour les jeunes filles, les couvents détruits. Il lui restait, pour toute fortune, un assignat de cinq cents livres ; cette somme étant insuffisante pour faire imprimer ses prospectus, elle les écrivit de sa main et les distribua à une centaine de personnes de sa connaissance.

Six semaines plus tard, madame Campan, qui s'était adjoint une religieuse de l'Enfant-Jésus, madame de la Gouttaye, appartenant à l'ordre de Saint-Thomas de Villeneuve [1], s'ins-

---

1. La communauté des Dames de Saint-Thomas de Villeneuve avait été établie à Saint-Germain-en-Laye, en 1691, par lettres-patentes de Louis XIV, pour l'éducation des jeunes filles de la Cour de Jacques II. Ce roi, réfugié à Saint-Germain, y mourut en 1701.

Une parente de Joséphine, madame Tascher, qui faisait partie de cette communauté, fut, pendant la Terreur, arrêtée et con-

tallait rue de Poissy, à Saint-Germain-en-Laye, avec mesdemoiselles Antoinette, Églé et Adèle Auguié, ses nièces, ses trois premières élèves.

Les efforts de madame Campan furent couronnés de succès; la solidité de ses principes, la justesse de son esprit et sa parfaite connaissance du monde lui concilièrent tous les suffrages et, grâce à la mode qui l'avait favorisé, le petit établissement, si modeste au début, ne tarda pas à devenir prospère. Quelques mois s'étaient à peine écoulés, il comptait déjà un si grand nombre d'élèves que le local devenant insuffisant, il fallut en chercher un autre.

L'ancien hôtel de Rohan, situé rue de l'Unité, « ci-devant des Ursulines », à l'une des extrémités de Saint-Germain, presqu'à la campagne, convenait beaucoup à madame Campan. Il avait grand air. On y accédait par une grille impo-

---

duite devant le Comité révolutionnaire de Saint-Germain. Le président lui ayant demandé ce qu'elle avait à répondre à l'accusation qui la dénonçait comme aristocrate, madame Tascher dit qu'effectivement elle appartenait à la classe privilégiée, mais que « depuis trente ans elle avait fait le sacrifice de sa noblesse et déposé ses titres aux pieds des pauvres ». Cette belle réponse désarma le tribunal qui la renvoya absoute.

sante qui ouvrait sur une grande cour ; les bâtiments étaient spacieux, commodes ; derrière s'étendait un vaste jardin « planté, tant en parterre qu'en quinconce et potager, différens arbres et espaliers [1] ». Cet hôtel, avec ses dépendances, appartenait à madame de Bonenfant, qui le loua, pour la somme annuelle de deux mille livres, à madame Campan, le 6 prairial an III (25 mai 1795), afin qu'elle entrât en possession le 1er juillet suivant.

La pension devenue, à partir de ce moment, un établissement important, s'intitula alors : *Institution nationale de Saint-Germain*. Depuis, sa réputation allant toujours croissant, pénétra non seulement à Paris et dans toute la province, mais s'étendit encore à l'étranger.

L'exemple de madame Campan était bon à suivre. Au moment où cette dernière s'installait dans sa nouvelle demeure, un Irlandais : M. Patrice Mac Dermott, autrefois précepteur du jeune

---

1. Voir le bail du 6 prairial an III et celui du 1er jour complémentaire an V, conservés dans les études de Me Gréban et de Me Duval, notaires à Saint-Germain.

Henri Campan, louait à madame Bellas de La Croix, qui en était propriétaire, l'ancien couvent des Ursulines, contigu à l'hôtel de Rohan, et y fondait un pensionnat de jeunes gens qui prit le nom de : *Collège irlandais*[1]. Il eut, pour premier pensionnaire, son ancien élève.

Ce fut en fructidor an III (août-septembre 1795), que la vicomtesse de Beauharnais amena, à madame Campan, sa fille Hortense, qui avait douze ans, et son fils Eugène, de deux ans plus âgé, la priant de recevoir l'une dans son établissement et de surveiller l'éducation de l'autre qu'elle plaçait au Collège irlandais[2].

La directrice de l'Institution de Saint-Germain avait alors quarante-deux ans. Simple et soignée dans sa mise, toujours vêtue de noir, c'était une femme qui plaisait par son extérieur

1. Il devait payer cinq mille livres pour la première année, et quatre mille cinq cents pour les années suivantes. Environ deux ans plus tard, **M. Mestro** succéda à M. Mac Dermott.

2. Le 1er vendémiaire an V, une course à pied eut lieu à Saint-Germain, entre les élèves de la pension tenue par **M. Mac Dermott.** Eugène de Beauharnais remporta un second prix et fut reconduit, avec son compétiteur Charles de Lacroix, par un détachement de Gardes nationaux et de Vétérans.

distingué, par une politesse prévenante et par l'air de véritable bonté répandu sur sa physionomie. Elle avait une voix douce, s'exprimait avec calme et s'écoutait même un peu parler, comme une personne qui se sent sur son terrain.

Dès la première entrevue, elle sut gagner les cœurs des deux enfants qui, grâce à sa sollicitude quasi maternelle, s'accoutumèrent, sans difficulté, à leur nouveau genre de vie. Logée dans la même chambre que ses nièces, Hortense ne tarda pas à être en grande intimité avec celles-ci, qui furent chargées de lui faciliter les débuts et de l'initier aux mille petits usages de la pension.

Six mois s'écoulèrent, Hortense avait fait sa première communion et reçu la confirmation dans une chapelle privée, en même temps que mesdemoiselles Auguié et Pannelier nièces de madame Campan, lorsqu'un jour, après avoir été passer à Paris une après-midi de congé, on la vit rentrer toute triste à la pension. Ses amies l'entourèrent et lui demandèrent affectueusement ce qui causait sa peine : « elle nous dit, raconte mademoiselle Pannelier [1], qu'elle avait bien du chagrin, parce que sa mère allait épouser le général Bonaparte, qu'il lui faisait peur et qu'elle craignait qu'il ne fût bien sévère pour elle et pour Eugène... »

Peu de temps après, madame de Beauharnais, devenue madame Bonaparte, vint voir sa fille, accompagnée de son nouvel époux [2]. « Il voulut visiter les classes et nous fit plusieurs questions, mais, soit la terreur qu'Hortense nous avait inspirée à l'avance, soit cet air de supériorité qu'il avait déjà à un si haut degré, ce ne fut qu'en tremblant que nous lui répondîmes. Il eut cependant l'air très satisfait et dit à ma tante : « Il faudra que je vous confie ma » petite sœur Caroline, madame Campan, je » vous préviens seulement qu'elle ne sait abso- » lument rien, tâchez de me la rendre aussi

1. Nous devons la communication des *Souvenirs* manuscrits de mademoiselle Pannelier, plus tard baronne Lambert, à l'obligeance de madame la comtesse de Reggio, sa petite-fille.

2. Si les souvenirs de mademoiselle Pannelier ne la trompent pas, il conviendrait de placer la date de cette visite au 20 ventôse an IV, car Napoléon, marié le 19 ventôse, partit le 21 pour l'Italie.

savante que la chère Hortense; » et en lui disant cela, il lui pinçait légèrement le bout de l'oreille[1]. Il dit aussi qu'il voulait que son frère Jérôme vint en pension chez M. Mac Dermott avec Eugène...[2] »

Quelques jours avant son départ pour l'Italie, Joséphine confia à madame Campan une nouvelle élève : c'était sa nièce, Émilie de Beauharnais, fille de sa belle-sœur qui, complètement ruinée par la Révolution, ne pouvait subvenir aux dépenses d'une éducation.

1. « Ainsi que l'avait annoncé son frère, Caroline, lorsqu'elle arriva en pension, n'avait aucune instruction, elle ne savait même pas lire. Ma tante jugea combien il serait humiliant, pour une fille de quinze ans, d'être mise avec des enfants de sept à huit ans, elle prit donc le parti de lui faire donner toutes ses leçons en particulier, dans son cabinet. Ce fut l'abbé Bertrand qui fut chargé de cette rude besogne, je dis rude parce qu'avec infiniment d'esprit naturel, je n'ai pas connu de tête aussi rebelle que la sienne pour apprendre, ainsi jamais elle n'a pu écrire correctement... Le général Bonaparte avait désiré que sa sœur apprit le dessin et la musique : pour les arts également, personne ne fut plus mal organisé que Caroline ; elle les aimait beaucoup cependant, mais quand elle voulait chanter, il fallait se sauver ; quant au dessin, elle avait adopté le paysage, mais il lui était impossible de faire une maison droite... » (*Souvenirs inédits de mademoiselle Pannelier.*)

2. En 1798, à la *fête de la Jeunesse*, Jérôme Bonaparte, élève de l'institution de M. Mestro (successeur de Mac Dermott), obtint le prix de géographie.

« Je vous fais part, écrivait la marquise François de Beauharnais à madame de Renaudin, des procédés de madame Bonaparte pour moi et ma fille. Depuis quelque temps, sachant que mes moyens ne me permettaient pas de lui donner les maîtres que je lui désirais, elle a bien voulu y suppléer et, dans ce moment, elle vient de la mettre dans la même pension que ma nièce ; elle pourra, grâce à sa tante, y acquérir les talents qui lui manquent. C'est pour moi un grand bonheur de lui devoir cette reconnaissance. »

Cette généreuse intervention était d'autant plus méritoire, de la part de Joséphine, que ses ressources se trouvaient être encore des plus modestes. On s'en fera une idée quand on saura qu'elle fut obligée de demander à madame Campan de bien vouloir se contenter de la somme de six cents francs par an, pour chacune des deux jeunes filles, au lieu de douze cents francs que payaient les autres élèves, ce que madame Campan eut le bon esprit d'accepter.

Bien lui en prit, car cette condescendance sera la source de sa fortune. Bientôt le général Bonaparte, satisfait des progrès de sa belle-fille et de la tenue de la maison, y fera entrer deux de ses sœurs : Pauline (plus tard princesse Borghèse) n'y demeura que quelques mois, mais Caroline y resta jusqu'à son mariage avec Murat. Stéphanie de Beauharnais (la future grande-duchesse de Bade), Stéphanie Tascher de la Pagerie (qui épousera le prince d'Arenberg), Charlotte Bonaparte (fille de Lucien, mariée au prince Gabrielli), Annette et Clotilde Murat (devenues l'une princesse de Hohenzollern et l'autre duchesse de Corrigliano), etc..., passeront aussi, successivement, par les mains de madame Campan, et constitueront, pour son établissement, une magnifique réclame.

A l'institution de Saint-Germain, les études étaient partagées en quatre classes, qui se distinguaient, entre elles, par la couleur du chapeau, du fichu et des rubans des élèves. La classe verte était celle *des petites*, la classe aurore venait ensuite, puis la classe bleue et enfin la classe nacarat ou classe supérieure. Madame Campan, qui avait la vocation de l'enseignement, donnait, elle-même, la plupart de ses leçons. Instruire en amusant, tel était son but; elle y parvenait, sachant à merveille mêler, dans de justes proportions, l'utile et l'agréable, et faire passer les préceptes les plus ardus, grâce à un bon mot ou à une anecdote contée avec esprit et gaieté.

Elle excellait surtout dans les *cours de conversation :*

« Aujourd'hui, disait-elle gravement aux élèves de la classe nacarat, causerie sur un incendie, sur un naufrage, sur une partie de campagne manquée, sur la rupture d'un mariage. »

D'autres fois, elle abordait des sujets pratiques, tels que la tenue d'une maison, les dépenses « dont il faut régler l'emploi avec attention ; par contre, une chose qu'on doit éviter comme étant du plus mauvais ton, c'est de s'entretenir, dans un salon, de ces détails de

fortune et d'intérieur. Il faut savoir faire et
commander, mais laisser les femmes sans éducation parler équipages, domestiques, lessive
et pot-au-feu. »

Un autre jour, passant en revue les actes
les plus ordinaires de la vie, elle prescrivait à
ses élèves « de ne jamais manquer de saluer
lorsque quelqu'un éternue. A la Cour, conti-
nuait-elle, lorsque le roi ou la reine éternuait,
toutes les dames faisaient une révérence et je
me souviens, dans ma grande jeunesse, d'avoir
trouvé quelque plaisir aux rhumes de cerveau
de Leurs Majestés, lorsque le cercle entier
saluait leurs éternuements ».

Elle leur recommandait également, non
seulement de « manger avec le plus de propreté
possible, mais d'y ajouter même de la recherche
et des grâces. On vous présente aussi, en sortant de table, des jattes de porcelaine ou de
cristal contenant des verres d'eau tiède pour
se laver la bouche et les extrémités des doigts;
il ne faut ignorer aucun de ces usages et ne

pas tomber dans la gaucherie d'un membre
de l'Assemblée des Notables, qui se plaignait,
au bout de quinze jours de séjour à la Cour,
du dérangement de sa santé, parce que les
valets lui présentaient toujours à boire un
grand verre d'eau tiède à la fin de ses repas,
et que cet usage lui avait délabré l'estomac. »

Que l'on s'étonne encore du charme tout
particulier qui émanait des femmes du temps
de l'Empire et de la Restauration, et de leur
incontestable pouvoir de séduction, quand on
saura que, chez madame Campan ou dans les
autres pensions qui toutes se réglaient de leur
mieux sur son modèle, l'*art de plaire* avait été
érigé en préceptes et que des cours entiers
étaient faits sur ce sujet.

« Le besoin de plaire, lit-on dans ses *conseils*
destinés aux jeunes filles, s'empare du cœur
des femmes dès leur plus tendre jeunesse et
la plupart d'entre elles n'atteignent pas ce but,
uniquement pour avoir manqué de lumières
sur le moyen d'y parvenir : celle-ci croit charmer par une pétulance qu'elle prend pour de la

vivacité; celle-là croit fermement intéresser par
son indolence et ses airs de langueur ; d'autres,
uniquement occupées de leurs charmes, croient
en augmenter la puissance par une recherche
et une coquetterie qui ne peuvent qu'y nuire
et qu'un faux désir de plaire fait porter trop
souvent jusqu'à l'oubli des lois de la décence ;
elles ignorent qu'il n'y a point de formes
aimables qui ne demandent à être voilées
et que la beauté même reçoit de la pudeur
son attrait le plus séduisant. D'autres encore
seraient charmées de plaire, car ce besoin
est général, mais entraînées par leur paresse,
elles dédaignent les moindres frais pour attirer
les cœurs à elles et, de temps en temps,
s'étonnent de ne les avoir point charmés. »

Après avoir énuméré tout ce qui peut faire
échouer la jeune fille dans l'étude qu'elle fait
des moyens de plaire, madame Campan lui
indique la route à suivre pour y parvenir et
conclut ainsi.

« Une jeune femme, à laquelle on trouve
vraiment de l'esprit et de l'instruction sans

qu'elle ait cherché à le faire remarquer, de
l'agrément dans ses manières sans affectation,
du goût dans sa parure sans coquetterie et
surtout sans indécence, de la gaieté sans
étourderie, du calme sans indolence, des
talents sans prétentions, me paraît un être
vraiment enchanteur, un modèle auquel vous
devez essayer de ressembler. »

Chez madame Campan, il faut bien l'avouer,
ce genre d'enseignement occupait la première
place avec les arts d'agrément dont le dévelop-
pement excessif portait un incontestable préju-
dice à l'instruction proprement dite.

On étudiait bien un peu de géographie
avec l'abbé Bertrand [1], d'histoire naturelle, de
grammaire, mais l'orthographe de la plupart
des élèves sorties de Saint-Germain laissait
toujours passablement à désirer. Le calcul
était réduit à l'application des quatre règles.

---

1. L'abbé Bertrand avait été gouverneur des enfants de madame Pannelier, sœur de madame Campan. En même temps
qu'il professait chez madame Campan, il était aussi directeur
des enfants du collège de M. Mac Dermott. D'après les *notes
manuscrites* de mademoiselle Pannelier.

Quant à l'Histoire, le Directoire en avait singulièrement simplifié l'étude en interdisant aux
instituteurs d'apprendre aux enfants l'histoire
de France et l'histoire sainte, sous peine, pour
le délinquant, de voir fermer sa maison par le
procureur de la commune : l'histoire grecque
et l'histoire romaine, seules, devaient être en-
seignées.

En revanche, les élèves savaient toutes
danser et saluer à ravir, grâce aux soins de
Coulon, le maître à la mode ; elles apprenaient
la harpe et le clavecin avec madame Laval, le
piano avec Mozin et Hyacinthe Jadin, le chant
avec Langlé et Carbonel, le chant italien avec
Bonesi ; Plantade dirigeait les chœurs, Grasset
donnait les leçons d'accompagnement ; Léger,
Thiénon et Isabey étaient chargés des cours de
dessin et de peinture.

L'éducation religieuse avait aussi sa part
dans le programme, une part plus considérable
peut-être qu'on n'aurait pu le croire, étant
données, en ce temps de troubles, la légèreté
des mœurs, les idées voltairiennes répandues

dans toutes les classes de la société et les difficultés que l'on éprouvait dans la pratique de la religion, par suite de la fermeture des églises et de la dispersion des prêtres. Une chapelle, que madame Campan fit ouvrir en même temps que son Institution, fut fermée par ordre du Gouvernement, malgré ses réclamations.

« Citoyenne, lui fut-il répondu, la nation ne reconnaît que l'Être suprême et l'immortalité de l'âme, arrange-toi là-dessus : des ordres s'exécutent et ne se commentent pas. »

La religieuse que madame Campan s'était associée à ses débuts, fut donc uniquement chargée d'enseigner le catéchisme et de diriger tout ce qui regardait l'instruction spirituelle ; plus tard, lors du rétablissement officiel du Culte, ce soin échut à un aumônier qui, chaque matin, célébrait la messe en présence du pensionnat assemblé.

Indulgente sans faiblesse pour les petits manquements des enfants ou leurs légères in-

cartades, madame Campan n'usait des puni-
tions qu'avec la plus grande modération, ce
qui les rendait d'autant plus efficaces. Son
système, fort sage d'ailleurs, consistait surtout
à attacher une idée de honte et d'opprobre à
certains actes fort indifférents par eux-mêmes,
ainsi : manger seule à *la table de bois* était une
pénitence fort rare, réservée seulement aux
graves circonstances. La coupable, placée à
part au réfectoire, était soumise à l'humiliation
d'être servie sur une table sans nappe, tandis
qu'un écriteau, placé dans un cadre au-dessus
de sa tête, retraçait, aux yeux de tous, la
nature de la faute qui lui méritait un pareil
châtiment.

Madame Campan évitait cependant le plus
possible de gronder ses élèves en public, esti-
mant que c'était décourager une enfant et la
mortifier inutilement que de l'exposer à la
risée ou au blâme de ses camarades. Une ré-
primande faite en tête-à-tête pouvait être bien
plus profitable.

Par contre, les récompenses, graduées avec

art, étaient appropriées aux différents âges. Par exemple, les élèves dont les maîtres de musique étaient satisfaits, entonnaient le plain-chant à la chapelle ou exécutaient des motets ou des chœurs dans les grandes solennités.

Pour celles qui devaient faire leur première communion, l'aumônier désignait les petites filles qui savaient bien leur catéchisme pour tenir la nappe les jours de communion générale ; de même elles présentaient le pain bénit à la Fête-Dieu, ou à la fête de la dédicace de la chapelle, ou bien jetaient des fleurs à la procession sur le passage du Saint-Sacrement.

Pour les *grandes*, c'étaient un thé pris dans l'appartement particulier de la directrice, une partie de campagne, un déjeuner sur l'herbe ; c'était aussi la visite chez les pauvres, qui avait été placée au nombre des récompenses que les pensionnaires eurent toujours le plus à cœur d'obtenir [1].

Comme de nos jours, l'usage était de distri-

---

1. Voir à l'Appendice la lettre de madame Campan à la municipalité de Saint-Germain.

buer des livres, en prix, aux élèves ; parmi ces ouvrages se trouvaient le plus ordinairement : *Le petit Labruyère, Les Annales de la vertu, Adèle et Théodore*, de madame de Genlis ; *Les Contes*, de madame de Meulan ; *Les Soirées au logis, Le Guide du jeune naturaliste*, de Campe ; *Le Magasin des Enfants* ou *Dialogues entre une sage gouvernante et ses élèves, Le Magasin des adolescents*, de madame Leprince de Beaumont ; *Le petit Grandisson, Sandfort et Merton* et l'*Ami de l'adolescence*, de Berquin ; *Jeu raisonnable et moral pour les Enfants, Lectures graduées*, de l'abbé Gauthier ; *Les OEuvres de Jauffret*, continuateur de Berquin et frère de celui qui fut, sous l'Empire, évêque de Metz et aumônier de Napoléon, etc., etc.

Madame Campan avait, de plus, imaginé un prix tout particulier, appelé *prix de bon caractère*, comprenant : la soumission, la douceur, la politesse, la propreté, l'ordre et les soins maternels que les aînées devaient rendre aux plus jeunes. Il consistait en une rose artificielle portée les dimanches et fêtes par l'élève que désignaient, au scrutin, ses maîtresses et ses compagnes et qui recevait le titre de *Rosière*. Le lendemain, l'héroïne du jour était invitée, par la directrice, à un déjeuner particulier auquel prenaient part les anciennes rosières. Enfin, lorsqu'une élève avait terminé son éducation après avoir reçu, dans toutes les classes parcourues, cette récompense enviée, la dernière rose lui était remise dans un vase de porcelaine, décoré d'une inscription en lettres d'or qui rappelait la date de ce suprême triomphe.

A présent que l'on a parcouru le cercle des études à l'Institution de Saint-Germain, on sera peut-être curieux de connaître l'emploi des récréations, mais il est probable que les jeux des pensionnaires, de tout temps, furent les mêmes, et que, toujours, elles ont aimé à sauter à la corde, à jouer au ballon, au cerceau, à la raquette, à former des rondes en chantant des couplets.

Madame Campan, il est vrai, avait dans l'esprit des ressources d'une fécondité intarissable et qui, certes, n'étaient pas à la portée de tout le monde, pour amuser ses pupilles. Chaque dimanche, elle groupait, autour de son fauteuil, un jeune auditoire et le tenait sous le charme par des récits pleins de verve et d'entrain qui, la plupart du temps, étaient tirés des souvenirs de sa jeunesse.

« Un jour, disait-elle, au château de Compiègne, l'arrivée du roi interrompit la lecture que je faisais à madame Victoire. Je me lève et je passe dans une autre chambre. Là, seule dans cette pièce qui n'avait point d'issue, sans autre livre qu'un Massillon que je venais de lire à la princesse, légère et gaie, comme on l'est à quinze ans, je m'amusais à tourner sur moi-même avec mon panier de grand habit et je m'agenouillais tout à coup pour voir s'arrondir ma jupe de soie rose que l'air gonflait autour de moi.

» Pendant ce grave exercice, le roi entra, la princesse le suivit ; je veux me lever, mes pieds s'embarrassent et je tombe au milieu de ma robe enflée par le vent.

» — Ma fille, dit Louis XV en éclatant de

rire, je vous conseille de renvoyer au couvent une lectrice qui fait des fromages. »

Elle racontait encore volontiers l'anecdote suivante :

« J'avais quinze ans. Le roi sortait pour aller à la chasse ; un service nombreux le suivait. Il s'arrêta en face de moi.

» — Mademoiselle Genet, me dit-il, on m'assure que vous êtes fort instruite, que vous savez quatre ou cinq langues étrangères.

» — Je n'en sais que deux, Sire, répondis-je, en tremblant.

» — Lesquelles ?

» — L'anglais et l'italien.

» — Les parlez-vous familièrement ?

» — Oui, Sire, très familièrement.

» — En voilà bien assez pour faire enrager un mari...

» Après ce joli compliment, le roi tourna les talons et continua sa route, la suite me salua en riant, et moi, je restai quelques instants sur place étourdie et confondue... »

Madame Campan composait aussi de petits

contes ou des nouvelles, des dialogues qu'elle
faisait réciter aux enfants et même des comé-
dies que l'on représentait avec beaucoup d'ap-
parat. A certains jours, au Mardi-Gras par
exemple, il y avait bal, et les jeunes gens de
l'institution Mac-Dermott étaient invités à venir
faire danser les pensionnaires, leurs voisines,
pour la plus grande joie des uns et des autres.

Ces réunions entre garçons et filles, en
somme peu convenables, et à la faveur desquelles s'élaborèrent plus d'un petit roman,
déplaisaient souverainement à Napoléon, qui le
prouva bien, en 1807, lorsqu'il plaça madame
Campan à la tête de la maison Impériale
d'Écouen et qu'il prescrivit une clôture rigou-
reuse, avec grilles et tours, dont l'accès fut
interdit aux hommes.

Il reprochait encore à cette éducatrice, pourtant si éminente par certains côtés, la publicité
qu'elle recherchait pour les examens de fin
d'année, et les exhibitions de « jeunes beautés »
qui se faisaient devant le *Tout-Paris* mondain
de l'époque. Il trouvait, avec raison, que la

retraite et la simplicité convenaient infiniment mieux à des filles de cet âge, et étaient plus en harmonie avec la réserve et la modestie que l'on aime à rencontrer en elles. Ce jour-là, l'établissement se trouvait envahi par une foule élégante qui venait admirer les travaux de dessin et d'aiguille exposés, et applaudir aux talents des élèves que l'on faisait briller, et que les artistes les plus distingués ne dédaignaient pas de venir seconder. Souvent, on y entendit Garat, le chanteur favori d'alors, d'Alvimare, qui, au dire de ses contemporains, « jouait de la harpe comme Orphée »; Grasset, célèbre violon, etc., etc.

II

Ce qui précède nous a fait connaître la vie
que menait Hortense de Beauharnais en pension, ses occupations et le genre d'esprit qui
présidait à son éducation. Voyons, à présent,
quel fut son entourage. Dans la plupart de ses
compagnes, presque toutes ses amies, on retrou-
vera les noms des futures belles dames de
l'Empire et de la Restauration. Nous avons
déjà cité mesdemoiselles Auguié, devenues la
comtesse de La Ville, la princesse de la Moskowa
et la baronne de Broc; outre ces trois-là,
madame Campan avait encore, comme élèves,
deux autres de ses nièces : Agathe Rousseau

(madame Bourboulon de Saint-Elme), Alexan-
drine Pannelier (baronne Lambert), toutes,
comme on le voit, parfaitement mariées, grâce
à l'amitié d'Hortense et à la protection de
Napoléon. Venaient ensuite : Eugénie Hulot
(femme du général Moreau), mesdemoiselles
Clarke, Nancy et Adèle Macdonald (madame
Perregaux et la duchesse de Massa), Caroline
d'Ilyenville, Olympe Crattarel, Victorine Victor,
Nelly Bourjolly, d'Aumont, de Boubers, de
Folard, Aimée Leclerc (femme du maréchal
Davout, prince d'Eckmulh, et sœur du général
Leclerc lequel avait épousé Pauline Bonaparte),
Nievès Hervas (duchesse de Frioul), Élise Ou-
dinot (comtesse Pajol), Félicité de Faudoas
(duchesse de Rovigo), Sophie de Marbois (du-
chesse de Plaisance), Zoé Talon (la célèbre
comtesse du Cayla favorite de Louis XVIII),
Annette de Mackau (madame Wattier de Saint-
Alphonse), Anna Leblond (femme du général
Duphot), Rose du Vidal (madame Lavollée) et
sa sœur Émilie, Victorine Masséna (femme
du maréchal Reille), Elisa de Lally-Tollendal

(madame d'Aux), deux petites-filles de madame de Genlis : mesdemoiselles de Valence (l'une madame de Cels, l'autre la maréchale Gérard), Élise Monroë (fille du président de la République des États-Unis), mesdemoiselles de Vernou (dont l'une est devenue madame de Montbrun), Virginie Churchill, Sophie Simons, Louise Cochelet, Léontine de Noailles (fille du duc de Mouchy), très liée avec Caroline Bonaparte, etc., etc...

Plusieurs de ces jeunes filles appartenaient à des familles riches, et, dans les commencements, Hortense eut à endurer des souffrances d'amour-propre, causées par la modeste position de fortune de sa mère.

Un jour, Rose du Vidal la trouve en larmes, elle lui demande la cause de son chagrin et Hortense répond que les parents des élèves ont envoyé, comme ils ont coutume de le faire au commencement de chaque saison, les étoffes nécessaires pour confectionner les robes d'uniformes et qu'il n'y a rien à son adresse. Il lui faudra donc continuer à porter sa vieille robe tout usée. Vivement touchée par cette triste considération, Rose écrit aussitôt à ses parents pour les prier d'expédier de l'étoffe pour une seconde robe. Ils firent volontiers ce que demandait leur fille et renouvelèrent même les envois, tant que dura cet état de gêne.

Une autre fois, pendant la campagne d'Italie, Hortense accompagnée d'une sous-maîtresse, madame Voisin, avait été passer, à Paris, une après-midi de congé, avec Eugène et Jérôme Bonaparte; pour terminer la fête, on demanda à aller au théâtre, mais les bourses étaient presqu'à sec; il fallut se résoudre à monter au *paradis.*

Le jour de la fête de la directrice, cette année-là, Hortense et Eugène, ne pouvant lui offrir aucun objet de prix, réunirent leurs économies et lui apportèrent un oranger, naïf souvenir qui toucha madame Campan plus que n'aurait pu le faire le plus riche cadeau.

Cependant parvenaient à Hortense des nouvelles d'Italie, où le général Bonaparte marchait de victoires en victoires. Il avait déjà conçu,

pour les enfants de sa femme, un réel attachement et le leur témoignait en toute occasion.

« Je reçois une lettre d'Eugène que je
t'envoie, lit-on dans une lettre à Joséphine qui
se trouvait alors à Milan. Je te prie d'écrire,
de ma part, à ces aimables enfants et de leur
envoyer quelques bijoux. Assure-les bien que
je les aime comme mes enfants. »

« J'ai reçu une lettre d'Hortense, disait-il un
autre jour, elle est tout à fait aimable. Je vais
lui écrire. Je l'aime bien et je lui enverrai
bientôt les parfums qu'elle veut avoir. »

Madame Bonaparte, à son tour, écrivait à
madame de Renaudin, sa tante :

« J'ai le mari le plus aimable qu'il est possible de rencontrer... Il écrit souvent à mes
enfants, il les aime beaucoup. Il envoie à
Hortense, par M. Serbelloni, une belle montre
à répétition, émaillée et entourée de perles
fines [1], à Eugène une belle montre d'or. »

1. Cette montre, donnée plus tard, par la reine Hortense, à
madame la comtesse d'Arjuzon, née Hosten, est aujourd'hui
précieusement conservée dans sa famille.

Le même jour, sans doute, Joséphine adressait, à sa fille, les lignes suivantes :

« Milan, ce 20 fructidor an IV.

» M. le duc de Serbelloni part dans l'instant pour Paris et m'a promis, ma chère Hortense, d'aller, le lendemain de son arrivée, à Saint-Germain. Il te dira combien je parle de toi, combien je pense à toi et combien je t'aime. Eugène partage avec toi ces sentiments, ma chère fille; je vous aime tous les deux à l'adoration.

» M. Serbelloni te remettra, de la part de Bonaparte et de la mienne, de petits souvenirs pour toi, Émilie, Eugène et Jérôme.

» Fais mille amitiés à madame Campan; je compte lui envoyer une collection de belles gravures et de beaux dessins d'Italie.

» Embrasse pour moi mon cher Eugène, Émilie et Jérôme.

» Adieu, ma chère Hortense, ma chère fille, pense souvent à ta maman, écris-lui souvent;

tes lettres et celles de ton frère la consolent
d'être éloignée de ses chers enfants.

» Adieu encore, je t'embrasse bien tendrement.

» JOSÉPHINE BONAPARTE. »

Madame Bonaparte n'était pas encore sur le
point de revenir, et, fort heureusement, les
occupations d'Hortense, les sympathies dont
on l'entourait, l'aidaient à supporter cette longue séparation. Elle passait, généralement, ses
jours de congé, ainsi qu'Émilie et Eugène,
chez son grand-père de Beauharnais, qui,
remarié, depuis près d'un an, avec madame de
Renaudin [1], était venu se fixer à Saint-Germain,
afin de se rapprocher de ses petits-enfants.

Néanmoins, les meilleures fêtes ne valaient
pas, pour la jeune pensionnaire, une lettre de
sa maman. Joséphine lui écrivait de Mantoue,
le 16 ventôse an V :

« Je me porte bien, ma chère Hortense;

1. Le contrat de mariage, de madame de Renaudin et du
marquis de Beauharnais, est passé devant Lisle, notaire à Fontainebleau, à la date du 30 prairial an IV.

depuis six jours, je n'ai plus de fièvre; j'ai été un peu malade à Bologne; d'ailleurs, je m'ennuie en Italie, malgré toutes les fêtes que l'on me donne et l'accueil flatteur que je reçois des habitants de ce beau pays. Je ne puis m'accoutumer à être éloignée aussi longtemps de mes chers enfants; j'ai besoin de les serrer contre mon cœur. J'ai tout lieu d'espérer que ce moment n'est pas très éloigné et cela contribue beaucoup à me remettre de l'indisposition que j'ai eue.

» A la première occasion, je t'enverrai un collier charmant d'après l'antique, les boucles d'oreilles pareilles et les bracelets.

» Applique-toi, je t'en prie, au dessin; je t'en apporterai de bien beaux et des plus fameux maîtres. Envoie-moi, de temps en temps, de tes ouvrages. J'espère que madame Campan est bien contente de toi; regarde-la comme une seconde mère et fais bien attention à tout ce qu'elle te dira. Embrasse-la bien pour moi, ma chère fille.

» Écris-moi souvent; il y a bien longtemps

que je n'ai eu de tes nouvelles. Aime ta maman
comme elle t'aime, tu l'adoreras.

» Adieu, ma bonne petite Hortense; ta maman l'embrasse et t'aime de tout son cœur.

» JOSÉPHINE BONAPARTE. »

« J'embrasse Émilie; aime-la toujours bien. »

Quelque temps après cette lettre, Eugène
qui, décidément, se sentait plus de goût pour
la carrière des armes que pour celle des lettres,
quittait le collège pour rejoindre l'armée d'Italie.
Dès le 30 juin 1797, il était nommé sous-lieutenant et aide de camp du général Bonaparte.

.   .   .   .

On est au mois de décembre 1797.

Encore un peu de patience et, bientôt, Hortense aura la joie de revoir sa mère, après cette
absence de dix-huit mois !

Pour charmer ses loisirs, elle écrit à Caroline
d'Hyenville, alors à Coutances, une longue lettre
qui, à travers les fautes d'orthographe et les
défaillances du style, peint admirablement son

caractère, avec ses élans de tendresse passionnée, sa gaieté, son espièglerie et jusqu'à un fond de coquetterie naissante :

« Comment peux-tu douter de mon éternel attachement, ma chère amie, et comment peux-tu croire que la prochaine arrivée de maman m'empêche de penser à toi et de t'écrire ? tous les amusemens de Paris ne sauroit être comparé au bonheur de m'entretenir avec ma Caroline et de recevoir d'elle l'assurance quelle ne m'a pas oublié et quelle conserve encore, pour moi, un peu d'amitié.

» Notre Mardi-Gras sera, je crois, fort triste, car, depuis longtems, M. Mac Dermott est à Paris et nous aurons peu de jeunes gens; cependant M. Mestro a prit l'hôtel d'Arcours [1] et va y tenir une maison d'éducation [2], mais,

1. La maison de madame Campan était flanquée à droite de l'hôtel d'Harcourt, et à gauche du couvent des Ursulines, devenu collège Irlandais.

2. Le projet semble n'avoir été qu'ébauché, car, quelques mois plus tard, on voit M. Mestro reprendre la pension de M. Mac Dermott et signer un bail avec madame Bellas de La Croix, propriétaire de l'ex-couvent des Ursulines.

comme il ne fait que commencer, il n'y aura
que des marmots, pour les jours gras, aussi je
n'en veux pas.

» Nous n'avons pas encore de nouvelles
pensionnaires, car, sans cela, je te l'aurais
mandé. Je te dirai aussi que je vais, tous
les dimanches, dîner chez madame Pannelier,
et qu'une fois y étant nous voyons arriver
M. Christien, M. Raymond, M. Masson [1], il nous
ont beaucoup intimidé, mais, après, nous avons
pris notre partie en brave et nous avons joué à
la volière, enfin je me suis beaucoup amusé,
sauf que j'ai beaucoup embrassé M. Masson,
ce qui n'est pas amusant. Madame Pannelier a
été, avant-hier, à Paris, et elle ne revient que
dimanche. Si tu veux écrire aux demoiselles
Auguié, cela leur fera grand plaisir. Voici leur
adresse : *rue du Faubourg-Poissonnière n° 31.*

» J'espère qu'avant quinze jours, je reverrai

---

1. Claude Masson, bailli d'Argenteuil et prévôt de Sartrouville
avant la Révolution, membre du Conseil général de la commune de Saint-Germain-en-Laye, élu juge de paix le 10 brumaire an IV ; arrière grand-père de M. Frédéric Masson, l'éminent
historien de Napoléon et de son époque.

maman, car tout le monde dit qu'elle arrive; tu t'imagines bien mon bonheur quand je l'embrasserai après une si longue absence! Je t'écrirai tout de suite mon bonheur quand je le saurai.

» Quant à ton certifica, je te l'enverrai dans la première lettre que je t'écrirai.

» Olympe [1] veut absolument que je lui cède un petit morceau de papier pour t'écrire, je ne puis le lui refuser, car je sens moi-même le plaisir que cela fait de pouvoir peindre sur le papier, à son amie, ce qu'on ne peut lui dire en parole.

» HORTENSE »

« Je vois bien, ma bonne Caroline, écrit à son tour Olympe, que tu m'as entièrement oubliée, car j'ai beau t'écrire, je ne reçois pas seulement un mot de réponse. Pour moi, je ne fais pas comme toi, je parle et je pense toujours à Caroline, et même l'aimerai toute ma vie de tout mon cœur et de toute mon âme,

1. Olympe Crattarel.

et me trouverai bien heureuse si elle est assez bonne pour accorder à Olympe une petite place dans son amitié. »

« Cette vilaine Olympe, reprend Hortense, veut à peine me laisser la place de t'embrasser, et tout cela pour tous ces beaux discours, mais comme je n'ai qu'à te dire adieu et à dire mille choses à ta maman, je me radoussis. Rose [1] veut aussi que je t'embrasse de sa part, mais songe que je suis avant tout et que c'est moi qui t'embrasse le plus fort.

» Ton

» HORTENSE. »

Quelques jours se passent encore, Joséphine n'arrive pas, mais Hortense va s'installer chez son grand-père de Beauharnais, où elle l'attend d'un moment à l'autre.

Madame Campan, tout agitée par cette prochaine venue, fait à son élève de pressantes recommandations.

---

1. Rose du Vidal

« Mettez-vous à dessiner. Ayez un piano et Mozin, je vous en conjure, ou vous n'aurez rien sous les doigts quand votre maman arrivera. »

Le 5 décembre, à cinq heures du soir, le général Bonaparte revient à Paris; son premier soin est d'appeler sa belle-fille auprès de lui : « Hortense est à Paris, — écrit madame Campan à Caroline d'Hyenville[1]. — Le général, qui est arrivé avant la maman, a été si content de sa modestie, de son maintien, de ses talens, qu'il a désiré m'en faire ses remercimens et m'a invitée à dîner; là, après mille choses honnêtes, il m'a dit que, si madame Buonaparte partageoit son vœu, Hortense reviendroit chez moi. Je crois que, d'après ce désir, je puis espérer de garder encore cette aimable enfant qui ne m'a donné que de la satisfaction et me fait infiniment d'honneur... »

Environ trois semaines après son mari, Joséphine arrivait à son tour et serrait enfin dans

______

1. Voir, à l'Appendice, la lettre de madame Campan à la « Citoyenne d'Hyenville » mère de Caroline.

ses bras sa fille bien-aimée. Logée dans le petit
hôtel de la rue Chantereine, que la municipalité venait de baptiser rue de la Victoire, en
l'honneur du vainqueur d'Italie, et où Joséphine habitait depuis 1795, Hortense fut témoin
de l'enthousiasme avec lequel les Parisiens saluèrent le retour triomphal du général Bonaparte, et des ovations qui éclataient, à chaque
instant, sur son passage. Des fêtes splendides
furent données à son intention. Celles du
Luxembourg et du ministère des Relations
extérieures se distinguèrent surtout par leur
magnificence.

Comme dédommagement aux longs mois
d'isolement que sa fille venait de traverser,
madame Bonaparte la laissa prendre part à
tous ces plaisirs.

Si l'on en croit les Mémoires contemporains,
Hortense n'en était pas à ses débuts, et déjà,
malgré son jeune âge, Joséphine l'avait menée
à des réunions d'abonnés qui, au lendemain
de la Terreur, remplaçaient les réceptions des
particuliers dont tous les hôtels étaient fermés.

Elle avait donc déjà été aux bals de Tivoli, de Richelieu, de Marbeuf, de Thélusson, sortes de *casinos* où la bonne société se mêlait à la mauvaise dans un besoin commun de plaisir, et y avait dansé avec M. de Trénis, que l'on surnommait « le Vestris des salons », avec MM. Charles et Just de Noailles, Albert Dorsay, Charles de Gontaut, de l'Aigle, etc., les jeunes gens à la mode. Despréaux, le maître de danse, qui demeurait 17, rue du Mont-Blanc, se vante de l'avoir eue à ses soirées, où l'on « s'amusait à des jeux d'enfants et à faire mille folies ».

Quoi qu'il en soit, madame Campan, désespérée de ces vacances intempestives, poussait les hauts cris et réclamait son élève dans toutes ses lettres. Madame Bonaparte se décida enfin à la ramener à Saint-Germain, se réservant seulement d'aller lui faire de fréquentes visites, pour la plus grande joie des pensionnaires à qui elle obtenait des congés et qu'elle comblait de cadeaux et de friandises.

Joséphine avait conservé, dans ses papiers,

un compte rendu des notes d'Hortense, corres-
pondant, comme date, à l'époque à laquelle
nous sommes arrivés et en tout semblable aux
bulletins que madame Campan envoyait régulièrement, chaque mois, aux parents de ses
élèves. Nous le donnons à titre de document.
Il complétera les notions que nous avons déjà
sur l'éducation que l'on recevait à l'Institution
de Saint-Germain, et nous initiera aux aptitudes
d'Hortense, à ses qualités et à ses défauts.

INSTITUTION NATIONALE DE SAINT-GERMAIN
DIRIGÉE PAR LA CITOYENNE CAMPAN

La citoyenne Campan a l'honneur d'envoyer à la
citoyenne Bonaparte l'extrait, en date du Ier germinal
an VI, de l'Institution de Saint-Germain-en-Laye.

La citoyenne Hortense-Eugénie Beauharnais, 4e division,
8e section (bleu-liséré) composée de 22 élèves.

DÉSIGNATION	Nᵒˢ DES PLACES
Ordre, propreté, exactitude.	3
Lecture et écriture	9
Mémoire *(ne la cultive pas assez)*	»
Calcul.	»
Dictée.	14
Histoire	»
Géographie.	6

Extrait et composition *(peu correcte)* . . .   »
Ouvrages à l'aiguille.   3
Application et soumission *(satisfaisante)*. .   »
Botanique usuelle. . . . .   »
Dessin de fleurs   4
Figure et paysage.   1
Déclamation   2
Chant *(bien)* . . . .   »
Solfège. . . . .   »
Piano . . . .   »
Harpe   6
Danse *(première deux fois de suite)*. . . . .   »
Santé *(délicate)* . . . .   »

OBSERVATIONS

La citoyenne Eugénie *(sic)* Beauharnais est douée des qualités les plus précieuses : elle est bonne, sensible et toujours prête à obliger ses compagnes ; son humeur est égale. Elle aurait tout ce qu'il faut pour bien faire si elle était un peu moins étourdie. Elle a été quatre jours à l'infirmerie pour un mal d'aventure au pouce de la main gauche [1]. Du reste, elle est beaucoup moins gourmande et continue d'avoir pour ses parents toute la tendresse et l'admiration dont ils sont dignes à tant de titres.

La Directrice,
GENET-CAMPAN.

---

[1]. Hortense s'était blessée avec un hameçon, en pêchant à la ligne, à Grignon, chez M. Auguié.

Le général Bonaparte n'était pas plus tôt revenu en France qu'il songeait, de nouveau, à en repartir, afin de se soustraire aux tracasseries que lui suscitait le Directoire, jaloux de son prestige. Il proposa donc l'expédition d'Égypte au Gouvernement qui, ravi de le voir s'éloigner, lui donna carte blanche pour l'organiser à sa guise.

Ces graves préoccupations n'empêchèrent pas le général de s'inquiéter du bonheur des membres de sa famille ou de celle de sa femme. Il s'était intéressé au sort d'Émilie de Beauharnais, qui, après avoir passé près de deux années en pension, se trouvait, alors, en âge d'en sortir et qui ne pouvait guère compter sur l'appui de ses parents : son père ayant épousé, en secondes noces, une chanoinesse allemande, et sa mère, un nègre nommé Castaing. Il résolut de la marier.

Un de ses aides de camp : Marie Chamans Lavalette, âgé de vingt-neuf ans, qui s'était distingué pendant la campagne d'Italie et qu'il estimait tout particulièrement, lui sembla réunir toutes les conditions désirables. Sur-le-champ, il s'ouvrit, au jeune officier, de ses projets.

— Je veux vous faire épouser Émilie de Beauharnais, elle est très belle et très bien élevée, la connaissez-vous?

— Je l'ai vue deux fois. Mais, mon général, je suis sans fortune et nous allons en Afrique ; si j'y suis tué que deviendra la pauvre veuve?

Bonaparte ne voulut rien entendre.

— Causez ce soir avec madame Bonaparte. La mère a donné son consentement ; dans huit jours la noce, et je vous donnerai quinze jours de bon temps.

« Le lendemain, écrit le comte de Lavalette dans ses Mémoires, nous montâmes en calèche, le général, madame Bonaparte, Eugène et moi, et nous descendîmes chez madame Campan. C'était un grand événement ; toutes les pensionnaires étaient aux fenêtres, dans le salon, dans les cours, car on avait donné congé. Bientôt on descendit dans le jardin et, parmi ce troupeau de quarante jeunes personnes, je cherchai, avec inquiétude, celle qui m'était destinée. Sa cousine Hortense nous l'amena pour saluer le général et embrasser sa tante. Elle était effectivement la plus jolie : une taille élevée et d'une élégance pleine de grâce, un visage charmant, de belles couleurs que la confusion augmentait, mais une timidité, un embarras qui fit rire le maître, mais il n'alla pas plus loin... Quand on fut levé et que le cercle fut rompu, je priai Eugène de conduire sa cousine dans une allée solitaire. Je les rejoignis et il me quitta. J'entrai alors en conversation ; je ne lui cachai ni ma naissance, ni mon peu de fortune... Elle avait les yeux baissés ; pour toute réponse, elle sourit et me donna le bouquet qu'elle tenait à la main. Je l'embrassai ; nous revînmes lentement vers la compagnie et, huit jours après, nous allâmes à la municipalité. Le lendemain, un pauvre prêtre insermenté nous maria dans le petit couvent de la Conception, rue Saint-Honoré. C'était à peu près défendu, mais Émilie y tenait beaucoup, car elle avait une piété douce et sincère. »

Ajoutons que cette union si militairement conclue ne fut pas malheureuse. En 1814, *la douce Émilie*, ainsi que l'appelaient ses anciennes compagnes de Saint-Germain, bravera la prison et les mauvais traitements pour arracher son époux à la mort, donnant ainsi au monde un admirable exemple de dévouement conjugal.

III

Dans la nuit du 3 au 4 mai 1798, le général
Bonaparte, Joséphine, Eugène, Lavalette par-
tirent pour Toulon. Les apprêts du voyage furent
faits en si grand mystère, afin de déjouer la
surveillance de l'Angleterre, que Bonaparte ne
permit même pas à sa femme d'aller à Saint-
Germain embrasser Hortense, dans la crainte
d'une indiscrétion.

A son arrivée, madame Bonaparte écrivit à
sa fille :

Toulon, ce 26 floréal an VI.

« Je suis à Toulon depuis cinq jours, ma
chère Hortense, je n'ai point été fatiguée de

la route, mais bien chagrine de t'avoir quittée sans pouvoir te dire adieu, non plus qu'à ma chère Caroline [1]. Mais, ma chère fille, j'en suis un peu consolée par l'espoir que j'ai de t'embrasser bientôt. Bonaparte ne veut pas que je m'embarque avec lui ; il m'enverra chercher dans deux mois. Ainsi, ma chère Hortense, j'aurai encore le plaisir de te presser contre mon cœur et de t'assurer que tu es bien aimée.

» Adieu, ma chère fille,

» JOSÉPHINE BONAPARTE.

» *P.-S.* — Dis à Caroline que je l'aime et que je l'embrasse de tout mon cœur.

» Mille choses tendres et aimables à madame Campan. »

Après l'embarquement du général, Joséphine se rendit directement à Plombières, pour y prendre les eaux. Elle y retrouva madame de Crigny, plus tard mariée à Denon, et madame de Cambis, qui l'engagèrent à venir se loger

---

1 Sœur du général Bonaparte.

dans leur hôtel. Elle allait y courir un danger sérieux. Devant son appartement, situé au premier étage, régnait un balcon de bois donnant sur la rue et où ces dames aimaient à se réunir pour prendre le frais. Un jour, ce balcon, vermoulu sans doute, s'écroula sous leur poids. Grâce à un véritable prodige, personne ne fut tué, mais madame de Cambis se brisa la cuisse et Joséphine eut le corps couvert de contusions et de meurtrissures. Pour calmer la cuisson insupportable que lui causaient ses blessures, le docteur Martinet, médecin des eaux, eut l'idée de l'envelopper dans une peau de mouton saignante.

Prévoyant que la convalescence serait lente, madame Bonaparte fit chercher Hortense, à Saint-Germain, par la mulâtresse Euphémie, sa vieille bonne, qui l'avait élevée [1].

Hortense, nous l'avons vu dans les notes de

---

1. Il est déjà question de cette Euphémie dans une lettre du vicomte de Beauharnais à sa femme du 20 octobre 1783. C'est elle qui, en 1815, lors du retour de l'île d'Elbe, donnera, pour quelques jours, l'hospitalité à la reine Hortense, dans son appartement, à Paris.

madame Campan, était alors passablement gourmande. Tout le long de la route, dans toutes les villes où l'on s'arrêtait, il fallait garnir les coffres et les poches de la voiture de victuailles et de friandises. Une nuit, tandis qu'on traversait une forêt, Euphémie fut réveillée en sursaut par une détonation, la pauvre mulâtresse crut à une attaque ; ce n'était heureusement que le bruit du bouchon d'une bouteille de champagne que l'espiègle Hortense avait fait sauter.

On arriva enfin à Plombières, le jour où la ville fêtait la prise de Malte par l'escadre française. Cette heureuse nouvelle et le bonheur de revoir sa fille relevèrent l'état moral de madame Bonaparte, jusque-là plongée dans une grande tristesse, et hâtèrent son retour à la santé.

Cependant madame Campan, tout affligée du départ de cette élève préférée, s'inquiète de son silence.

« Pas un mot de mon Hortense, lui écrit-elle, le 7 juillet, point de nouvelles de sa chère maman, ni de détails sur son voyage !

C'est un chagrin général dans la pension ; c'en est un bien vif pour moi qui ne cesse de m'occuper d'elle... »

Hortense se hâte de la remercier de son affectueuse sollicitude.

« J'ai reçu votre lettre, mon aimable Hortense, elle était bien écrite et bien obligeante pour moi... Je pense bien qu'il vous sera impossible de venir pour l'exercice ; on y pensera à vous, on en parlera même publiquement... La tente est préparée à cet effet ; elle est cent fois plus jolie que l'année dernière ; la chapelle est tendue de damas vert et ressemble, par le nombre de dessins accrochés, à un petit mu-séum... »

Le 24 juillet, madame Campan rend compte, à Hortense, de l'examen et de la distribution des prix : les deux grands événements de l'année scolaire.

« L'exercice, ma bonne Hortense, a été le plus brillant de ma maison, depuis qu'elle existe. Combien vous y avez été regrettée ! Au moment où Isabey vous a donné publiquement

le premier prix de dessin, les applaudissements
ont éclaté !... L'assemblée a été une des plus
nombreuses que l'on puisse voir à Saint-
Germain. Ma cour illuminée, la tente, tout
cela ressemblait à Tivoli.

» Les belles, qui y figurent ordinairement,
avaient eu la bonté d'y transporter leurs
charmes : on voyait se promener, sur le gazon de
la cour, la superbe madame Récamier, madame
Pauligni, madame Lavalette, qui était charmante et mise comme un ange ; enfin, on a
compté jusqu'à trente voitures dans ma rue,
mais ce qui vaut encore mieux que tout cela,
c'est la satisfaction générale sur l'éducation de
mes jeunes personnes. Enfin, ma chère amie,
j'ai joui complètement du fruit de mes travaux,
car tout Paris a parlé avec éloges de mon
établissement. Le prix qui vous est destiné est
charmant. C'est une madone de Raphaël avec
l'enfant Jésus ; il a été remis à votre bonne
maman [1]...

1. La marquise de Beauharnais (madame de Renaudin.)

Hortense était encore absente au moment de
la rentrée des classes, madame Campan cherche
à la rappeler à l'ordre.

13 août.

« Je n'entends plus parler de vous, ma chère
Hortense, ni de votre retour. Cette suspension
de travail m'afflige pour vous dans l'âge où
vous êtes le plus disposée à perfectionner vos
talents. Tous les exercices sont repris, presque
toutes les pensionnaires rentrées, à l'exception
de quelques traîneuses que je gronderai un
peu sérieusement. »

Le 19.

« Je compte toujours sur vous; votre chambre
vous appartient et sera refusée à tout le monde
jusqu'à ce que vous n'ayez plus besoin de mes
conseils et des talents réunis chez moi... »

Un autre jour, madame Campan est mécontente d'Hortense, elle le lui témoigne :

« Soignez un peu plus vos lettres, ma bonne

amie, vous faites, par étourderie, des fautes
d'orthographe. Songez donc que l'on envoie
loin de soi, en écrivant, une mesure de ses
talents, de son éducation. Le billet d'une
femme, même écrit à sa marchande de modes,
peut être vu par des personnes instruites qui
jugent par là si une femme est ou n'est pas
bien élevée. »

Cependant Joséphine, à laquelle Napoléon
avait écrit d'aller s'embarquer à Naples avec
madame Marmont, ne se décidait pas à partir
pour l'Égypte : le vaisseau qui devait la transporter avait été, paraît-il, capturé par les
Anglais ; de plus, elle redoutait que sa santé
ne souffrît du changement de climat. Le général
Bonaparte lui conseilla alors de rentrer à Paris
et de chercher à acheter, dans les environs, une
campagne où il pût se reposer des fatigues de
la guerre et se dérober à l'importunité de la
foule.

Un instant, madame Bonaparte avait songé
à acquérir la propriété de M. de Croisœuil, à

Croissy, mais celui-ci, pressé d'entreprendre un voyage, venait justement de s'en défaire. Elle s'adressa donc à M. Chanorier, son ancien ami, qui lui indiqua le domaine de la Malmaison, que la propriétaire, madame Lecoulteux du Moley, cherchait à vendre, moyennant la somme de deux cent quatre-vingt dix mille francs.

« Si vous pouvés donner ce prix, écrivait-il à Joséphine, le 1er mars 1799, madame du Moley vous invite à voir sa maison et sa terre... Après demain, la maison vous sera ouverte... Ayés la bonté de me répondre par le commissionnaire, c'est le fils du menuisier Cochard, pour lequel vous avés eu des bontés au tems heureux où nous vous possédions... Je vous invite à ne mener à la Malmaison que votre charmante enfant... »

Hortense, de retour en pension depuis peu, en sortit, ce jour-là, pour se joindre à l'excursion avec Isabey, qui, en dépit des recommandations de M. Chanorier, avait été appelé à donner son avis sur l'acquisition projetée. Les opinions des visiteurs furent favorables à la propriété, et le contrat d'achat fut signé le 11 avril. Le prix porté était de deux cent vingt-cinq mille francs, sur lequel il fut payé comptant quinze mille francs provenant d'emprunts.

« Le château, dit Isabey dans ses *Souvenirs*, était loin de réunir les conditions d'élégance et de confortable que pouvait désirer la femme du général Bonaparte ; les pièces étaient à peine meublées et les murs dans un état de délabrement déplorable. Cependant, grâce au bon goût de la châtelaine, au talent de Fontaine, les choses furent mises assez vite dans un état présentable. »

Tout est donc prêt pour le retour du général Bonaparte, que le bruit de ses succès en Afrique a encore grandi aux yeux de l'Europe. Tout Paris s'apprête à fêter le héros.

Hélas ! pourquoi faut-il que, pour Hortense, le retour d'Égypte soit si différent du retour d'Italie !...

C'est le 10 octobre 1799, au Luxembourg, à un dîner chez le directeur Gohier, que madame Bonaparte apprend le débarquement de son époux à Fréjus. Impatiente de le revoir, elle veut voler à sa rencontre jusqu'à Lyon, mais la fatalité s'en mêle : tandis qu'elle prend la route de Bourgogne, le général passe, avec Eugène, par celle du Bourbonnais et arrive à Paris quarante-huit heures avant elle. Sans perdre un instant, il se rend directement à son hôtel, rue de la Victoire, sûr du tendre accueil qui l'y attend. O déception cruelle ! point de maison en fête, point de visages joyeux, partout il ne trouve que vide et silence.

Or, il faut le dire, depuis de longs mois, Joséphine vit en mauvaise intelligence avec la famille Bonaparte. Sa belle-mère, ses belles-sœurs : mesdames Baciocchi et Leclerc, ses beaux-frères, voient d'un œil jaloux sa situation prépondérante et l'ascendant qu'elle possède sur le cœur de son époux, et ils rêvent d'amener entre eux un divorce. Déjà le terrain est bien préparé : ils ont inquiété Napoléon, en

Égypte, en faisant courir des bruits fâcheux et plus ou moins fondés sur le compte de Joséphine ; à présent, ils profiteront de son absence, qui sert merveilleusement leurs projets, pour achever de la perdre. Bonaparte, que le dépit dispose mal, prête l'oreille aux perfides insinuations des siens, il s'irrite, se passionne et médite des projets de vengeance.

Sur ces entrefaites, Joséphine rentre en hâte à Paris, elle accourt rue de la Victoire, mais son mari, qui est enfermé dans son appartement, refuse de la recevoir. Prières, pleurs, supplications, promesses, rien ne peut le fléchir. La nuit se passe ainsi au milieu de mortelles angoisses. Vers le matin, Joséphine envoie chercher ses enfants, elle connaît l'affection de Napoléon pour eux, sans doute il ne pourra résister aux instances d'Hortense, si douce, si tendre, ni à celles d'Eugène, dont la conduite en Égypte a été au-dessus de tout éloge.

Le frère et la sœur arrivent enfin ; ils se traînent à genoux : « Je vous en supplie, n'abandonnez pas notre mère, elle en mourra... »

disent-ils à leur beau-père, en mouillant ses mains de leurs larmes. Napoléon se tait, il ne sait que répondre. Comment, en effet, pourrait-il entretenir ces enfants des torts de leur mère? Le général s'attendrit ; les enfants ont gagné leur cause, et ils profitent habilement de l'émotion qu'ils lisent dans ses yeux pour aller chercher leur mère et la mettre entre ses bras.

Le retour d'Égypte ne précède guère que de trois semaines le 18 Brumaire. Dans la nuit qui suivit cette journée mémorable, les élèves de Saint-Germain furent réveillées en sursaut par le bruit qui se faisait à la porte de la maison. Madame Campan, inquiète et mécontente de ce tapage nocturne, parlemente par la fenêtre. Ce sont les dragons de Murat qui répondent ; ils accourent annoncer la victoire que le général Bonaparte vient de remporter sur le Directoire et l'établissement du Consulat. A cette nouvelle, la joie éclate dans la maison ; Hortense et Caroline Bonaparte sont entourées, félicitées et, quelques jours plus tard, elles vont rejoindre Napoléon et Joséphine qui se sont installés au petit Luxembourg.

C'est, à proprement parler, au commencement du Consulat que les deux jeunes filles font leur entrée dans le monde. On ne peut plus, à présent, les traiter en enfants : Hortense, bientôt, va avoir dix-sept ans et Caroline dix-huit. Cette dernière, même, songe à se marier. Elle a fait, en Italie, la connaissance de Murat, et a été éblouie par la superbe prestance du jeune homme, ses magnifiques uniformes de fantaisie, ses coursiers fougueux et, surtout, par la renommée que lui a méritée son intrépidité proverbiale. Il n'a que vingt-neuf ans et, déjà, il est général de division et commandant de la Garde consulaire ; de plus, argument irrésistible, il est très épris de la sœur de son général. Pourrait-il, d'ailleurs, en être autrement ? Caroline est ravissante de jeunesse et si fraîche qu'on la compare à un paquet de roses trempées dans du lait.

« Sa peau, dit la duchesse d'Abrantès, ressemblait à un satin blanc glacé de rose, ses

pieds, ses mains et ses bras pouvaient servir
de modèles ; ses dents étaient charmantes,
comme toutes celles des Bonaparte. » « Son intelligence était prompte, sa volonté impérieuse, et
le contraste de la grâce un peu enfantine de
son visage avec la décision de son caractère,
faisait d'elle une personne extrêmement at-
trayante », écrit, de son côté, une autre con-
temporaine.

Malgré la vive inclination que les deux jeunes
gens avaient l'un pour l'autre, le Premier
Consul ne se montrait pas favorable à cette
alliance. Murat, toutefois, risque sa demande.

« La demande de Murat, raconte Bourrienne
dans ses Mémoires, fut, comme on peut le
croire, le sujet de la conversation du soir dans
le salon du Luxembourg. Madame Bonaparte
mit en usage tout ce qu'elle avait d'amabilité
et de moyens de persuasion pour obtenir le
consentement du Premier Consul. Hortense,
Eugène et moi, nous nous unîmes à elle :

» — Murat, nous dit-il entre autres choses,
Murat est le fils d'un aubergiste ! Dans le rang

élevé où m'ont placé la fortune et la gloire, je ne puis pas mêler son sang à mon sang !... D'ailleurs, rien ne presse, je verrai plus tard. »

» Nous fîmes valoir l'amour réciproque des deux jeunes gens ; nous ne manquâmes pas de lui faire observer combien Murat était dévoué à sa personne, de lui rappeler son brillant courage, sa belle conduite en Égypte.

» — Oui, dit-il avec feu, j'en conviens, Murat était superbe à Aboukir.

» Nous ne laissâmes pas échapper ce moment de bonnes dispositions, nous redoublâmes nos instances et enfin il consentit. Quand, le soir, nous fûmes seuls dans son cabinet :

» — Eh bien ! Bourrienne, me dit-il, vous devez être content, moi, je le suis aussi ; toute réflexion faite, Murat convient à ma sœur, et puis on ne dira pas que je suis fier, que je recherche les grandes alliances...

On prit alors juste le temps nécessaire pour confectionner le trousseau et la corbeille qui surpassèrent en magnificence tout ce que l'on était, jusque-là, accoutumé à voir et, deux

mois après Brumaire, le 30 nivôse, an VIII
(20 janvier 1800), le mariage de Murat et de
Caroline Bonaparte se célébrait à Plailly,
commune sur laquelle était située Mortfontaine,
la propriété de Joseph Bonaparte.

Hortense ne semble guère être retournée en
pension après cette époque ; sans doute, madame Bonaparte ne peut plus se passer de cette
charmante fille, le plus bel ornement du salon
consulaire, qui l'aide, avec tant de grâce, à en
faire les honneurs à la belle société de Paris.

Mais Hortense n'est pas ingrate. Elle n'ou-
bliera pas sa dévouée institutrice, ni ses amies
de pension, et le leur prouvera constamment
par le zèle qu'elle mettra à les servir, par le
plaisir qu'elle aura à les recevoir à la Malmaison ou à aller les visiter à Saint-Germain.

Petite bonne, ainsi que les pensionnaires ont
conservé l'affectueuse coutume de l'appeler, est
toujours accueillie avec transports, déjà « elle
règne sur cent jeunes cœurs et sur celui de
son institutrice », écrira madame Campan.

Lorsque, devenue reine, il lui faudra composer sa Maison d'honneur, c'est encore à la pension de Saint-Germain qu'elle songera, et la plupart de ses dames du palais seront d'anciennes compagnes qu'elle continuera à tutoyer avec une simplicité charmante, comme au temps de sa première jeunesse.

Tous les souvenirs qui se rattacheront à cette époque de sa vie lui seront particulièrement chers. « La ceinture de pensionnaire et le petit chapeau de percale, dira-t-elle, me rappellent de vrais moments de bonheur. »

LIVRE III

LA COUR CONSULAIRE

I

Lorsque mademoiselle de Beauharnais vient
rejoindre sa mère au palais du Petit-Luxem-
bourg, madame Bonaparte ne revêt encore
aucun caractère officiel, et c'est en vain que
l'on chercherait autour d'elle un simulacre de
cour, ou même le moindre vestige d'étiquette.

On la considère comme la femme du premier magistrat de la République et, à ce titre,
Joséphine n'a d'autre préoccupation que de
remplir ses devoirs de maîtresse de maison, en
faisant les honneurs des salons du Luxembourg aux membres du Gouvernement et aux
anciens amis qu'elle recevait jadis dans son

hôtel, rue de la Victoire. Encore ces derniers sont-ils, de jour en jour, moins nombreux. Déjà, le 18 Brumaire en a éliminé une partie et le Premier Consul travaille à rompre les relations de sa femme avec les gens qui, à un titre quelconque, lui paraissent un tant soit peu suspects.

Tout d'abord, il la sépare de la société directoriale, puis il écarte, peu à peu, les banquiers douteux et les faiseurs d'affaires, tout-puissants jusque-là, malgré les offres tentantes que ceux-ci ne cessent de lui faire et en dépit de leurs femmes, presque toutes charmantes, qui tiennent alors le sceptre de l'élégance.

C'est ainsi que madame Tallien, avec laquelle madame Bonaparte semble avoir été très liée jusqu'à l'établissement du Consulat, devra un jour cesser ses visites. Il en sera pareillement de mesdames Hainguerlot, Récamier, Hamelin, Visconti et de bien d'autres beautés à la mode.

Napoléon l'a dit lui-même :

« On éprouvait un grand embarras pour composer cette société, car on ne voulait pas de nobles, pour ne pas effaroucher l'opinion publique, ni de faiseurs d'affaires, afin de relever les mœurs si relâchées sous le Directoire ; aussi fut-ce d'abord, pendant quelque temps, une espèce de lanterne magique fort mêlée et très changeante. »

Il est extrêmement difficile, sinon impossible, d'établir, avec une entière certitude, la liste des personnes qui défilèrent dans le salon de Joséphine durant cette période de transformation. Seul, le fond du tableau, composé des membres des familles Bonaparte et de Beauharnais, demeure invariablement le même.

C'est d'abord madame Bonaparte, la mère, à la physionomie énergique, au type et à l'accent italiens très prononcés, qui vit avec sa belle-fille sur un pied de méfiance réciproque.

C'est Joseph Bonaparte, actuellement conseiller d'État, l'aîné de la famille, doux et sociable par nature, avec une jolie figure et des manières aisées, mais qui ne cesse de faire, à Joséphine, une guerre à la fois sourde et acharnée.

Rien de pareil n'est à redouter de madame

Joseph, née Julie Clary, silencieuse et timide,
qui a le bon esprit de rester étrangère aux
querelles de la famille.

Lucien Bonaparte, moins bien physiquement
que son frère Joseph, a de l'esprit, le goût des
arts et une ambition démesurée. Nommé, le
18 Brumaire, ministre de l'Intérieur, il aspire
à partager le pouvoir suprême avec Napoléon,
et ne déguise pas sa haine pour la femme de
celui-ci.

Il a épousé mademoiselle Christine Boyer,
fille d'un aubergiste du Midi, agréable sans être
belle, à la tournure gracieuse, et que l'on s'accorde généralement à trouver bienveillante et
sympathique.

Vient ensuite, toujours par rang d'âge :

Élisa, peu aimable et par suite peu aimée,
qui prend pour du génie ses aspirations littéraires et qui se pose volontiers en protectrice
éclairée des lettres et des arts. Elle laisse
peu de place à son époux : Félix Baciocchi,
alors chef de bataillon, qu'annihile complètement sa personnalité encombrante

On voit rarement Louis Bonaparte, chef d'escadrons au 5ᵉ régiment de dragons, qui affecte de se tenir à l'écart du ménage du Premier Consul et qui, déjà d'une mauvaise santé, analyse avec anxiété ses sensations maladives.

Voici Pauline, femme du général de division Leclerc, jolie à miracle et très occupée de sa beauté, pas encore assez cependant pour ne pas trouver le temps de tendre perfidement mille petits pièges à Joséphine.

Caroline, elle, ne complote pas contre sa belle-sœur, pour le moment du moins. Elle est alors dans tout l'éclat de ses dix-huit printemps et si éprise de son époux, le beau et élégant Murat, qu'elle ne craint pas de lui donner en public des marques un peu trop vives de sa tendresse, au point que madame Campan, très choquée, croit devoir la rappeler, par l'entremise d'Hortense à « la réserve qui convient à son sexe »,

Enfin voici Jérôme, le plus jeune des enfants de madame Lœtitia, âgé de seize ans et tout frais émoulu du collège de Juilly qu'il vient

de quitter pour terminer ses études sous les
yeux du Premier Consul. Ce n'est encore qu'un
écolier, mais déjà il manifeste un goût très
décidé pour le plaisir, et des tendances à une
prodigalité inquiétante. Pour l'instant, il paraît
bien avec belle-sœur, parce qu'elle garnit sa
bourse, ce qui ne l'empêchera pas, plus tard,
de se ranger dans le parti Bonaparte contre
les Beauharnais.

La situation, pour Joséphine, est fort tendue,
car, si elle n'a rien de bon à attendre d'un
milieu aussi manifestement hostile, elle ne
trouve guère de ressources, non plus, dans sa
propre famille, alors disséminée et surtout peu
nombreuse.

Outre sa fille Hortense qui, à présent, ne la
quittera plus que pour se marier, elle est rentrée en possession de son fils Eugène dont
elle est justement fière et que Napoléon aime
comme son propre enfant.

Bien qu'il ne soit âgé que de dix-neuf ans,
Eugène a déjà fourni une glorieuse carrière et
exposé vingt fois sa vie dans les campagnes

d'Italie et d'Égypte. Sans avoir de beaux traits, il a une physionomie extrêmement agréable, une tournure élégante et une bonne grâce toute chevaleresque. On lui trouve, en général, plus de bons sens que d'esprit, mais tout le monde est d'accord pour rendre justice à ses grandes et nobles qualités, à la franchise, à la loyauté de son caractère, et pour apprécier son humeur douce et égale, son heureux naturel, son entrain et sa gaieté toujours de bonne compagnie.

Il aime tendrement sa mère et sa sœur et leur est tout dévoué, mais il évite de consulter Joséphine, tandis qu'il a toute confiance dans le jugement d'Hortense, avec laquelle il est en grande intimité.

Vainement chercherait-on, parmi les figures entrevues jadis dans l'entourage de la vicom- tesse de Beauharnais, madame de Lamothe- Hosten, son ancienne amie et compagne de captivité, qui est morte peu après la Terreur, ou M. et madame de Croisœuil : le mari a été obligé de retourner aux colonies pour surveiller ses intérêts, et la femme, en l'absence de celui-ci, s'est retirée à la campagne avec ses enfants. Peut-être y voit-on madame Hosten de Merceron, dont la fille, Pascalie, a épousé M. d'Arjuzon, receveur général des finances sous l'ancien régime, que toutes deux ont connu dans la prison de Port-Libre. En tout cas, on retrouve la comtesse Fanny de Beauharnais, tante de Joséphine et marraine d'Hortense, bonne femme au fond, mais que ses prétentions littéraires rendent insupportable et qu'une mauvaise épigramme de Lebrun-Pindare parviendra mieux à sauver de l'oubli que tout ce qu'elle a pu écrire : l'*Isle de la Félicité*, l'*Épitre aux femmes*, et tant d'autres ouvrages qui n'ont plus de lecteurs.

Quant à madame Lavalette, la *douce Émilie*, à laquelle Joséphine a si généreusement servi de mère et qu'Hortense a toujours considérée comme une sœur, elle est aujourd'hui à Dresde, où son mari a été envoyé, en décembre 1799, comme chargé d'affaires de la République.

En dehors de la famille, de l'armée, des

membres du gouvernement, ainsi que des savants, des artistes et de toutes les personnalités marquantes dont le Premier Consul aime à être entouré, on voit encore habituellement, dans le salon de madame Bonaparte : madame Lebrun, femme du troisième Consul, et ses filles; mesdames Regnault de Saint-Jean-d'Angély, jeune et brillante; de Vaines, femme d'un conseiller d'État, très en faveur, dit-on, auprès des deux époux; de Sémonville, de Crigny, d'Harville, de Lauriston, bonne et aimable; d'Aiguillon, dont Joséphine, aux Carmes, partageait la cellule; de Lameth, mieux douée du côté de l'esprit qu'au physique; Caffarelli, de Laplace, Monge, dont le mari avait suivi le général Bonaparte en Égypte, etc.

N'oublions pas non plus madame de Montesson, veuve morganatique du duc d'Orléans, qui, en raison de son âge, ne sort plus guère, mais qui, dans son hôtel, rue du Mont-Blanc, ou à sa campagne de Romainville, reçoit l'ancienne société ainsi que la nouvelle.

Cette petite vieille, appétissante et proprette,

à la taille toujours droite, coiffée d'une per-
ruque brune, est une des dernières dépositaires
des traditions de bon ton, de nobles manières
et de politesse exquise, qui caractérisaient le
monde de l'ancien régime ; aussi, lorsque la
Cour consulaire commencera à se faire pres-
sentir, Bonaparte encouragera-t-il cette liaison
de sa femme, laquelle se trouvera ainsi à bonne
école pour apprendre les usages et l'étiquette
à la fois minutieuse et compliquée des Cours.

Pour le moment, Joséphine se contente de
plaire, cela suffit aux besoins actuels, mais déjà
sa grâce, unie à l'ascendant de Napoléon, opère,
dans les mœurs et les habitudes de la société,
des modifications peut-être futiles en appa-
rence, mais où se révèlent cependant des indices
très significatifs du revirement qui se produit
dans les esprits.

Au grand scandale de quelques républicains
endurcis, les hommes commencent à soigner
leur mise qu'ils négligeaient avec affectation
sous le Directoire ; ils n'osent plus se présenter
au Luxembourg avec leurs bottes, reprennent

les bas et quittent la poudre pour suivre l'exemple que Bonaparte leur donne depuis quelques années déjà.

La partie féminine de la société fait également montre de zèle : les étoffes de soie reviennent à la mode, « non à cause du froid, lit-on dans la *Gazette de France*, mais par décence, parce que l'on assure que le Premier Consul a témoigné, à plusieurs reprises, qu'il n'aimait pas les femmes nues dans un salon ; on s'habille pour plaire... »

On voit également l'appellation de madame remplacer celle de citoyenne, et ce retour aux anciennes coutumes s'accomplit au Luxembourg, dans le salon de madame Bonaparte.

I

Mademoiselle de Beauharnais est installée,
avec sa mère, au premier étage du palais du
petit Luxembourg, dans l'ancien logement du
directeur Gohier.

Toujours, le matin, les deux femmes déjeu-
nent sans le Premier Consul, qui a l'habitude
de prendre son repas à dix heures, de son
côté, et qui vient leur souhaiter le bonjour en
sortant de table.

Il s'entretient quelque temps avec elles, puis,
suivi de son secrétaire Bourrienne, il redes-
cend travailler dans son appartement du rez-
de-chaussée, situé à droite, en entrant par la

rue de Vaugirard, et qu'occupait, autrefois, le directeur Moulins.

Le dîner, qui a lieu en famille, les réunit de nouveau, tous les trois, à cinq heures, après quoi le Premier Consul retourne dans son cabinet; si aucun travail pressé ne l'y retient il remonte dans le salon de Joséphine où il reçoit, habituellement, la visite des ministres. A minuit, souvent plus tôt, il donne le signal de la retraite, en disant brusquement : « Allons nous coucher. »

Joséphine, livrée à ses propres ressources, s'ennuierait à périr au Luxembourg, il lui faut du monde, du bruit, des distractions ; quand elle n'en trouve pas dans son intérieur, elle va en chercher au dehors.

Hortense, moins passionnée que sa mère pour le plaisir, n'y est pourtant pas insensible, comme la plupart des jeunes filles de son âge, tout ce qui est nouveau l'amuse, elle aime la danse et y trouve l'occasion de nombreux succès. Elle suivra donc partout madame Bonaparte et ne manquera aucune des réunions mondaines de l'hiver.

L'année 1800 s'est annoncée fort gaiement du reste ; la confiance renaissant, tous les salons de Paris rouvrent leurs portes et, de tous les côtés, les divertissements se multiplient.

Il y a de nombreux bals : parmi ceux-ci, le plus remarqué a été celui que le ministre de l'Intérieur a donné, le 6 pluviôse, à l'occasion du mariage de sa sœur Caroline avec Murat, et que les trois Consuls ont honoré de leur présence [1].

Les fêtes par souscription sont encore à la mode : ainsi, l'on voit, le 29 pluviôse, une foule élégante se presser chez le glacier Garchy, où se donne un bal en faveur des indigents. Lucien Bonaparte s'y trouve avec sa femme et une de ses sœurs. A minuit, deux quêteuses sont tirées au sort : ce sont mesdames Récamier et Dupaty qui tiendront les bourses. Elles font le tour de l'assistance, la première don-

---

1. Le ministère de l'Intérieur, ancien hôtel de Brissac, était situé rue de Grenelle, ancien 92.

nant la main à M. Lecoulteux de Canteleu, la seconde à M. Récamier et récoltent sept cents francs.

Le danseur Despréaux qui, à présent, habite le rez-de-chaussée de l'hôtel de Bonneuil (chaussée d'Antin), donne, paraît-il, « des bals plus somptueux » que par le passé. Il se rend au Luxembourg pour inviter madame Bonaparte à une de ses soirées. « Elle y vint le lendemain avec son fils et sa fille », lit-on dans ses *Souvenirs* [1]. « Cette fois elle avait pris une voiture » (détail qui ferait penser que c'était pour Joséphine un luxe inaccoutumé). « Elle y est revenue plusieurs fois, ajoute-t-il encore, et arrivait toujours la première. »

Les soirs où l'on ne danse pas, madame Bonaparte et Hortense vont au spectacle. Pour passer une agréable soirée, on n'a alors que l'embarras du choix, car la plupart des théâtres de Paris possèdent des artistes de premier ordre.

Veut-on aller à l'Opéra, dit Théâtre de la

---

1. *Souvenirs de Jean-Étienne Despréaux*, d'après ses *Notes manuscrites* publiées par A. Firmin-Didot.

République et des Arts? On y entend **Lainez,**
Chéron, Lays, Laforêt, mesdames Clairville et
Maillard; on y admire de merveilleux danseurs,
tels que Vestris et sa femme, Branchu, mademoiselle Chameroy, madame Pérignon, etc., etc.
Le 9 nivôse, on y donne une reprise d'*Armide,*
de Glück, qui est une véritable solennité artis-
tique.

Préfère-t-on le Théâtre-Français de la République, le régal est des plus rares. On y applaudit
Émilie Contat, mesdemoiselles Mars, Devienne,
Mézeray, madame Suin; Talma, Dugazon,
Fleury, Molé, Dazincourt, etc., etc. Ils jouent,
les uns dans l'*Abbé de l'Épée,* pièce en cinq actes,
de Bouilly, qui eut un grand retentissement;
les autres dans *le Jaloux sans amour,* de Rochon
de Chabannes, ou dans une reprise des *Fausses
confidences,* de Marivaux.

Le théâtre Favart (Opéra-Comique) est aussi
très remarquable : le 8 frimaire, il a donné
la Dame voilée, opéra en un acte, des « citoyens
Ségur jeune et Mengozzi », admirablement inter-
prété par Elleviou, Martin, Bertin, mesdames

Berger et Saint-Aubin. En nivôse, il organise d'excellents concerts avec madame Barbier-Walbonne et Martin.

Le théâtre Feydeau n'est pas moins brillant. Il monte, en nivôse, *les deux Journées*, opéra en trois actes de Chérubini, paroles de Bouilly; en ventôse, *Roméo et Juliette*, opéra en trois actes du « citoyen Ségur jeune », musique de Steibelt; Babini y chante, une autre fois, en italien, le rôle de Pygmalion dans l'opéra de ce nom; et Garat, dont toutes les femmes raffolent, fait salle comble chaque fois qu'il y donne un concert.

En sortant du spectacle, on va prendre des glaces à Frascati ou au pavillon de Hanovre, à moins que l'on ne préfère se promener dans les jolis jardins de Tivoli, pour y voir tirer un feu d'artifice.

Il y a des distractions pour tous les goûts :

Dans la journée, les personnes éprises de littérature et d'art assistent au cours de Laharpe et vont, de là, au Louvre, contempler *l'Enlèvement des Sabines*, de David, qui y est exposé et

que tout le monde peut voir moyennant trente-
six sols, y compris le livret explicatif.

Madame Campan est venue tout exprès, de
Saint-Germain, pour connaître cette toile qui
fait l'objet de toutes les conversations, et, fidèle
à une habitude quasi journalière, elle rend
compte à mademoiselle de Beauharnais de ses
impressions.

« J'ai vu, dans *Romulus*, un danseur bien
posé, d'après les règles de son art, un Tatius
indécemment nu, une Hersilie trop blanche,
trop parée, trop également placée entre les deux
combattants et ayant réellement des bras qui
tiennent un peu du télégraphe... Passé ces remarques dont je n'ai pu me défendre, tout m'a
charmée. J'aurais voulu être mère de tous ces
petits enfants, je croyais réellement pouvoir les
prendre dans mes bras, et je conçois qu'un
spectacle aussi touchant devait apaiser les guerriers les plus animés au combat... Voilà, bonne
petite, une partie de mes réflexions sur le
tableau célèbre du célèbre David... »

Hortense ne se borne pas seulement à correspondre régulièrement avec son ancienne institutrice, elle lui fait de fréquentes visites à Saint-Germain et prend encore part à toutes les fêtes qui se donnent à la pension.

« Venez décadi, lui écrit madame Campan, le 7 pluviôse (27 janvier), si votre maman le permet, car nous avons un concert le 8... Je vous envoie, ma bonne Hortense, lui dit-elle deux jours plus tard, le programme de deux concerts que j'ai dans la décade prochaine. La salle est préparée à cet effet, et Bonesi compte bien sur vous pour le trio du *Barbier de Séville*. Arrangez cela avec mon Églé. Vous verrez que je figure dans le concert des petits chats. J'ai promis à mes petites de chanter deux airs en m'accompagnant sur la harpe... »

Puis, passant aux nouvelles du jour :

« J'ai eu la visite de madame Murat et du général, sa voiture était pleine de dragées, cet accessoire n'était pas nécessaire pour rendre sa visite agréable, cependant les bonbons ont eu bien du succès. »

Fidèle à son rôle d'éducatrice, madame Campan ne manque jamais de glisser un peu de morale, à l'usage de son ex-élève, jusque dans ses moindres petits billets... « N'allez pas choisir légèrement de légères amies... Ne vous mêlez jamais d'affaires... Soyez attentive avec les personnes âgées... Donnez aussi des marques de grande bienveillance aux femmes de province et aux étrangères dont vous remarquerez aisément la gêne et l'embarras dans le salon de votre maman, » lui recommande-t-elle. « J'ai reçu plus de cinquante personnes, hier, dans ce nombre quelqu'un a dit un bien infini de vous, mais on a ajouté : « Elle est un peu » froide avec les femmes... cette froideur tient » les hommes à une juste et convenable dis- » tance, mais c'est à elle qui dessine si bien, à » observer l'empire des ombres et à trouver la » nuance bien juste. »

A propos du Premier Consul, elle lui dit encore :

« La simplicité, la modestie, la politesse

des jeunes personnes, qui se trouvent placées près de lui, ne peuvent que faire un ornement utile à sa position. Caroline et vous êtes bien convaincues de ces vérités que j'ai eu souvent tant de plaisir à vous répéter; jusqu'à présent, je n'ai eu qu'à me louer du fruit de mes leçons ; continuez toujours de même, ma bonne Hortense, votre conduite me charme et justifie la tendresse que je vous ai montrée. »

On est au 20 pluviôse (9 février), une grande fête a lieu aux Invalides où le général Murat, au milieu d'un imposant appareil militaire, doit présenter, à la Patrie, les drapeaux qui ont été conquis, sur l'armée ottomane, à la bataille d'Aboukir.

Ces reliques glorieuses, l'éclat de la cérémonie et l'éloquence des orateurs impressionnent profondément la population parisienne et rehaussent encore le prestige du vainqueur de l'Égypte. Le nom de Bonaparte est dans toutes les bouches et c'est à qui saluera son passage des plus flatteuses acclamations.

Le soir, au Luxembourg, la réunion est si
nombreuse et le Premier Consul, heureux et si
gai, s'applaudit beaucoup du succès de la ré
journée.

L'heure est venue où le Premier Consul,
trouvant le Luxembourg trop étroit, va transporter sa résidence aux Tuileries.

Le projet paraît hardi sans doute, mais
Napoléon, qui connaît les hommes, sait comment il faut s'y prendre pour ménager les
opinions et tourner les difficultés. Il décide
donc que le palais des Tuileries prendra doré-
navant le nom de palais du Gouvernement et
que ses deux collègues, Cambacérès et Lebrun,
y éliront également domicile.

Il fallut alors songer à restaurer cette antique
demeure royale, bouleversée par tous les orages
révolutionnaires, afin de la rendre habitable.
Le Premier Consul pressait les travaux et, à ce
propos, tous les journaux publièrent l'entrefilet
suivant qui dénote, dans les esprits, des tendances à une nouvelle appréciation des excès
révolutionnaires :

« Bonaparte, y peut-on lire, croyant que le palais qu'on lui prépare serait plus tôt en état de le recevoir, voulait en prendre possession le 2 pluviôse. Le citoyen Benezech[1] lui répondit que tout ne pouvait être prêt, et le pria, d'ailleurs, d'observer que ce jour-là correspondait au 21 janvier. « Que je vous remercie de » m'avoir fait faire cette observation, lui » répondit avec sensibilité le Premier Consul, » non, je n'eusse point entré ce jour-là aux » Tuileries. »

La 30 pluviôse (19 février) est le jour fixé pour la translation solennelle du Gouvernement aux Tuileries.

Le cortège des consuls promet d'être aussi magnifique que l'autorise alors l'état du luxe en France.

A une heure de l'après-midi, il s'ébranle et tout Paris est sur pied pour le voir passer. Madame Bonaparte et mademoiselle de Beauharnais, n'ayant aucun titre à y figurer, ont

1. Conseiller d'État.

pris les devants et sont venues se placer aux
fenêtres de l'appartement du consul Lebrun
donnant sur le Carrousel, au pavillon de Flore,
avec madame Murat et quelques autres femmes
de leurs amies. Toutes, gracieuses, élégantes,
ont revêtu de riches costumes grecs et le groupe
charmant qu'elles forment fixe tous les regards.

Hortense va donc assister à l'entrée triom-
phale de son beau-père dans le palais des rois.
Elle le considérera dans toute sa splendeur
militaire, escorté de ses troupes d'élite dont la
vue rappelle tant de victoires, entouré de ses
compagnons d'armes, des héros, bronzés par le
soleil d'Italie et d'Afrique, qui, tous, sont prêts
à verser, pour lui, jusqu'à la dernière goutte de
leur sang. Elle contemplera cette foule enthou-
siaste accourue de tous les coins de la capitale
pour le saluer, elle entendra les acclamations
du peuple se mêler à celles de l'armée et, de
toutes les poitrines, sortir ce cri unique : « Vive
le Premier Consul !... » Comme son imagination se trouvera enivrée par, ce déploiement

de gloire et d'héroïsme ! comme son jeune cœur devra tressaillir de joie patriotique !...

Voici qu'apparaît la tête du cortège : un piquet de grosse cavalerie ouvre la marche, il est suivi des conseillers d'État, la plupart dans des fiacres dont on a eu soin de cacher les numéros avec du papier assorti à la couleur du véhicule. La musique militaire les sépare des ministres qui, eux, ont leurs voitures, presque les seules à peu près élégantes qu'il y ait alors dans la ville.

Viennent à présent : l'état-major de Paris et les officiers généraux à cheval, puis les Guides du Premier Consul qui, par leur belle ordonnance et leur magnifique tenue, soulèvent, sur leur passage, des murmures d'admiration. Enfin la voiture des Consuls, attelée de six chevaux blancs, don de l'empereur d'Allemagne au général Bonaparte après le traité de Campo-Formio, s'avance à son tour, entre la haie que forme la Garde consulaire à partir du guichet du Carrousel jusqu'à la porte des Tuileries. Le Premier Consul en occupe le fond, Camba-

cérès est à sa gauche et Lebrun sur la banquette en face de lui. La voiture franchit la
grille, elle s'arrête. Le Premier Consul en
descend rapidement et, souple et léger, s'élance
en selle sur le cheval qu'on lui présente. Il va
passer la revue de ses troupes qui sont rangées
en bataille dans la cour des Tuileries, tandis
que les deux autres consuls gagnent les appartements de réception.

Cependant, le flot populaire semble grossir
encore et battre le pied des maisons comme une
marée montante, tandis qu'une multitude de
femmes, en grande toilette, penchées aux fenêtres du Louvre et des maisons de la place du
Carrousel [1] qu'elles se sont disputées à prix
d'or, agitent leurs écharpes et font retentir
l'air de leurs applaudissements frénétiques.

Bonaparte est heureux, il semble prolonger,

1. A cette époque, la place du Carrousel présentait l'aspect le
plus hétéroclite : somptueux hôtels, maisons d'ouvriers,
échoppes, il y avait de tout. La loi d'expropriation pour cause
d'utilité publique, du 3 mai 1841, commença à en modifier l'aspect, et le second Empire, en reliant le Louvre aux Tuileries,
lui donna la physionomie qu'elle a conservée jusqu'en 1871.

comme à plaisir, cette revue qui restera légen-
daire. Un peu avant la fin, il va se placer
devant le pavillon de l'Horloge, ayant Murat à sa
droite, Lannes à sa gauche, et voit défiler devant
lui les drapeaux de la 96ᵉ, de la 43ᵉ et de la
30ᵉ demi-brigade, dont il ne reste plus que
quelques lambeaux d'étoffe noircis par la
poudre et criblés de balles, devant lesquels il
se découvre avec respect.

La vue de nos enseignes mutilées sur tant
de champs de bataille, achève d'électriser la
foule : un souffle ardent d'orgueil national
semble alors la soulever tout entière, et son
émotion se traduit par de bruyants transports
et des ovations sans fin à l'armée et à son
chef...

La revue est terminée. Le Premier Consul
descend de cheval et gravit d'un pas alerte
l'escalier d'honneur de ce palais qui, désormais,
sera le sien.

Il se rend dans les appartements de réception
où diverses présentations officielles doivent
être faites aux trois chefs du Gouvernement.

Cette cérémonie fournira encore, à Napoléon, une nouvelle occasion de succès. On comparera l'aisance et la dignité de son maintien avec la raideur solennelle et gourmée de Cambacérès, avec l'épaisse et lourde allure de Lebrun, et tout le monde déclarera, d'un commun accord, que ces deux derniers semblent être, bien plutôt, les témoins que les collègues du Premier Consul, à qui tous les honneurs s'adressent sans partage.

Cette journée mémorable se termine par de grands dîners. Le Premier Consul reçoit à sa table les deux autres Consuls, les ministres, ainsi que Sieyès, Duval et Desmeuniers, présidents des « trois corps constitués ». Murat traite les chefs de l'armée, et Lucien Bonaparte le Conseil d'État qui remonte dans ses fiacres pour se rendre au ministère de l'Intérieur.

III

Aux Tuileries, le Premier Consul s'établit au premier étage, dans toute la partie comprise entre le pavillon de Flore et le pavillon de l' « Unité ».

Madame Bonaparte et ses enfants habitent, au-dessous, les appartements du rez-de-chaussée ayant vue sur les jardins, tandis que le côté donnant sur le Carrousel est réservé aux bureaux.

Lebrun loge dans le pavillon de Flore et l'on restaure, pour Cambacérès, toute la partie qu'occupait autrefois la Convention.

Voilà donc Hortense installée dans un des

palais du Roi-Soleil ! Quel rêve ! ! Elle habite
un petit appartement contigu au cabinet de
toilette de sa mère et composé de deux pièces :
l'une est sa chambre à coucher, l'autre un
salon assez exigu qui lui servira aussi de
cabinet de travail et où elle placera son piano,
ainsi que ses chevalets et ses boîtes à couleurs.

« Vous voilà donc, ma bonne Hortense, dans
une jolie chambre, lui écrit madame Campan,
dès le lendemain de son arrivée aux Tuileries;
permettez-moi de vous y suivre par ma tendresse et par mes avis.

» Chose des plus essentielles à observer : ne
vous montrez jamais aux fenêtres[1]; faites
mettre des rideaux de mousseline aux vôtres
pour l'hiver et de canevas pour l'été. Jamais
la personne[2] qui y demeurait ne permettait
aux jeunes personnes auxquelles elle s'intéressait de s'y montrer. Les plus impudents

---

1. Jusqu'à Louis-Philippe, les passants pouvaient longer la
façade du château et plonger les yeux dans les chambres.

2. Allusion à la reine Marie-Antoinette.

muscadins viendraient se promener sous vos fenêtres, après vous avoir vue dans quelque bal... Vous êtes environnée de bien des dangers, mais vous avez déjà une bien bonne renommée, c'est à vous à la maintenir.

» Ne vous montrez pas trop dans les bals, n'allez pas vous user aux yeux du public ; évitez les femmes légères... Répondez-moi, ne soyez point paresseuse à écrire ; que votre secrétaire soit toujours garni de jolis papiers de toutes les grandeurs. Répondez à vos amies des billets courts, mais polis, que l'on puisse parler à la fois de votre modestie, de votre simplicité, de votre politesse... Plus vous serez occupée et plus vous éviterez les dangers ; plus vous dédaignerez les plaisirs bruyants, plus vous serez estimée et plus vous serez heureuse ; voilà mon seul et unique but. »

Madame Campan, fière et heureuse de voir son élève de prédilection placée ainsi en évidence sur un théâtre élevé, a aussi raison de s'inquiéter, car madame Bonaparte et Hor-

tense, transportées aux Tuileries, si elles n'ont
aucune part à la souveraineté, ne sont cependant plus de simples particulières.

Presque du jour au lendemain, mademoiselle de Beauharnais deviendra *la personne à la
mode*. Tout le monde aura les yeux fixés sur
elle : les uns, amis du soleil levant, la loueront
avec excès, les autres, hostiles au pouvoir nouveau, chercheront malignement à exercer sur
elle leurs critiques.

Hortense est alors dans tout l'épanouissement
de cette beauté, si justement appelée *la beauté
du diable*, qui ne peut guère supporter l'analyse, mais qui éblouit à force de jeunesse, de
fraîcheur et de séduction.

Sans doute ses traits sont demeurés irrégu-
liers, mais l'ensemble de sa figure si délica-
tement teintée de blanc et de rose, éclairée par
des yeux bleus d'une douceur si pénétrante,
et si joliment encadrée dans la mousse légère de
ses boucles blondes, est tellement enchanteur,
qu'elle éclipsera, parfois, les beautés grecques
les plus irréprochables.

Quoique de stature moyenne, Hortense paraît plutôt grande, car elle porte la tête naturellement élevée; sa taille souple et onduleuse, que l'on était convenu, alors, de comparer à celle d'une nymphe, a perdu la maigreur de l'adolescence et est devenue ronde tout en restant menue. Son cou, ses épaules, ses bras sont de lignes pures et harmonieuses.

Elle a le pied bien modelé, la main fine, terminée par des ongles roses et bombés.

Sa démarche, son attitude, offrent un mélange très piquant de nonchalance créole et de vivacité française. Sa tournure élégante fait valoir la toilette et, comme sa mère, elle embellit ce qu'elle porte; aussi, est-ce une bonne fortune, pour les fournisseurs, que d'avoir madame Bonaparte et mademoiselle de Beauharnais pour clientes, et de pouvoir leur faire *lancer* leurs dernières *créations*.

Bientôt ce sont elles qui donneront le *ton* et qui régiront la mode. Déjà mesdemoiselles Despaux et Leroy se disputent l'honneur de faire leurs chapeaux. Madame Raimbaud et

quelquefois madame Germond [1] sont chargées
de leurs robes. Mesdemoiselles Lolive et de
Beuvry réservent, pour elles, leurs plus jolis
modèles de lingerie, et la vieille mademoiselle
Bertin, alors sur son déclin, imagine encore,
dans l'espoir de leur plaire, des nouveautés
exquises. Celle-ci prendra même quelquefois
madame Campan comme intermédiaire et la
priera, un jour, de présenter, à son ancienne
élève, un *tablier-fichu* « le premier en ce genre
d'un goût unique.» Il est «garni tout autour d'une
fort jolie dentelle et ne coûte que cinq louis ».

Comme sa mère, Hortense aime la parure
et y deviendra vite fort experte, mais, différence
à noter entre elles deux, tandis que madame
Bonaparte, qui ignore la valeur de l'argent,
achète sans cesse, et avec une prodigalité folle,
des bijoux, des schalls, des étoffes, des colifi-
chets de tous genres, paie des hérons mille
huit cents francs, des *esprits* [2] huit cents, et se

---

1. Madame Germond était la couturière attitrée des femmes
de la finance.

2. Sortes d'aigrettes.

fait livrer, quelquefois, jusqu'à trente-huit chapeaux dans un mois, Hortense, si l'on en juge par ce que l'on connaîtra plus tard de ses comptes, mettra de l'ordre dans ses dépenses et ne se laissera jamais entraîner au delà de ce que ses moyens lui permettent.

Mademoiselle de Beauharnais est toujours vêtue avec une simplicité de bon goût qui convient mieux à son jeune âge que les plus riches parures. Ordinairement, pour aller au bal, elle porte une jupe blanche, sans traîne, recouverte d'un court *péplum* de couleur. « En dépit de la mode et de madame Germond, lui recommande madame Campan, qui intervient jusque dans les questions de toilette, ne portez pas les manches courtes comme les autres; on peut bien rester à trois doigts de la mode sans paraître gothique, et cette décence sera remarquée... »

Quant à madame Bonaparte, ses toilettes varient à l'infini. Un jour, on lui voit une robe de crêpe blanc, sur laquelle semble s'être abattue une pluie de feuilles de roses. Une

autre fois, la robe est de tulle blanc et entièrement parsemée de petites plumes multicolores
de *toucan*[1] retenues, chacune, par une perle.
Une guirlande de ces plumes vertes, blanches,
rouges et jaunes, est posée sur sa tête et lui fait
une coiffure originale et seyante, chef-d'œuvre
du célèbre Duplan.

La mode des écharpes orientales, des schalls
de Cachemire, de Perse et du Levant, rap-
portés par nos vaisseaux à la suite de l'expédition d'Égypte, commence à se répandre.
Joséphine en possédera une magnifique collection et saura, mieux que personne, tirer parti
de ces étoffes aux chatoyantes couleurs pour
rehausser sa grâce.

Depuis leur arrivée aux Tuileries, madame
Bonaparte et Hortense, entraînées par le flot
envahissant des plaisirs mondains, ne s'appar-
tiennent plus; les distractions se succèdent sans
interruption, jamais Paris n'a été plus gai.

Si le Premier Consul a aboli, par un arrêté

---

1. Oiseau originaire de l'Amérique méridionale, sorte de
perroquet.

du 5 nivôse, les fêtes révolutionnaires, telles que,
par exemple, la fête du 21 janvier, pour n'en
conserver que deux : celle du 26 messidor
(14 juillet), en l'honneur de la « fondation de
la liberté » et celle du 1ᵉʳ vendémiaire (22 septembre), anniversaire de la proclamation de la
République, il laisse le peuple multiplier les
occasions de s'amuser et favorise même, volontiers, le retour aux divertissements de jadis.
Pour la première fois, depuis la Révolution,
on voit, en 1800, les masques et les déguise-
ments reparaître dans les rues, à l'époque du
carnaval, et le 6 ventôse, jour du Mardi-Gras,
a lieu, avec l'autorisation du Premier Consul,
la réouverture des bals de l'Opéra.

C'est un véritable événement parisien. La
fête commence à minuit, l'affluence est considérable et l'on s'extasie beaucoup sur l'éclai-
rage de la salle. Vingt lustres et un grand
nombre de girandoles déversent leurs lumières
sur l'assistance dont un tiers est masqué et
costumé. Le prix des billets, accessible à presque toutes les bourses, est de six francs.

L'Opéra réalise une recette de deux mille sept
cents francs, succès qui décide la direction à
donner encore trois autres bals.

Madame Bonaparte s'y est montrée avec le
général Murat et sa femme, mais il est probable qu'elle ne s'y sera pas attardée et qu'elle
aura tenu à conduire Hortense au ministère
des Relations extérieures[1] où, à la même heure,
Talleyrand donne une fête d'un genre original
et varié : Laharpe commence d'abord par faire
une lecture, puis Vestris danse et la soirée
s'achève par un bal « le mieux composé, lit-on
dans les journaux, que l'on ait donné depuis
longtemps ». Les trois consuls et les ministres
s'y perdaient dans la foule, « un seul excepté,
cependant, dit la *Gazette de France* qui s'exerce
à la louange, mais celui-là partout où il est,
on le cherche, ce n'est pas sa faute ».

Tout Paris semble, cette nuit-là, être emporté
par une folie de mouvement; dans les salons,
dans les cafés, dans plusieurs théâtres, sur la

---

1. Rue du Bac, ancien hôtel Galiffet.

place publique, c'est à qui dansera, sautera, tourbillonnera avec le plus d'entrain. On ne compte pas moins de trente bals populaires dans la ville.

Le théâtre du Marais, stimulé par l'exemple de l'Opéra, annonce qu'il donne, après la représentation, « un bal paré gratis » et croit prudent d'ajouter cette recommandation : « Les citoyens et citoyennes sont invités à avoir une mise décente, c'est de rigueur. »

Si les grandes personnes s'amusent, il est bien juste que les enfants aient aussi leur part de plaisir en ce jour de réjouissance générale. Le Théâtre de la Cité y a pensé et avertit le public que, le soir, aura lieu la « première représentation de la reprise de *Cadet-Roussel,* ornée de manœuvres de cavalerie exécutées par des ânes », sous la direction de Franconi et de ses élèves.

Comment, au milieu de cette vie agitée, mademoiselle de Beauharnais pourrait-elle s'occuper d'études sérieuses ? Où trouver le temps d'aller, ne serait-ce qu'en courant,

embrasser son grand-père et son ancienne institutrice à Saint-Germain ? Elle ne répond
même plus aux lettres qu'on lui adresse.

Madame Campan en est désespérée et se
lamente sans trêve ni repos.

5 ventôse an VIII.

« Quand je gronde mon Hortense, pour ne
m'avoir point répondu, je lui prouve, en lui
écrivant de nouveau, que ces reproches sont
ceux de l'être qui donnerait tout au monde
pour la voir telle qu'*on* doit être et malheureusement telle qu'*on* n'est plus... telle
qu'elle doit être pour son bonheur, et en même
temps pour la gloire des siens et pour l'utilité
publique, car, chez les Français, l'exemple partant du point élevé a une grande influence...

» Vivant à Paris, dans le tourbillon du monde,
on ne peut disposer que de sa matinée, mais
tâchez d'obtenir qu'elle soit à vous. Levez-vous
à neuf heures, les jours ordinaires, et à onze
les jours où l'on a dansé, pour cela il faudrait
être couchée à minuit, et à deux heures les jours
de bal ; il vous resterait neuf heures de sommeil,

c'est tout ce qu'il faut pour se bien reposer et retrouver sa fraîcheur. Tâchez aussi, sous prétexte de santé, de refuser souvent des bals, n'allez point user vos succès dans le monde, il y a là pour vous un très grand danger.

» Le Premier Consul vous voit avec plaisir parce qu'il vous aime et vous estime... Plus votre conduite sera régulière, plus sa bonne opinion croîtra... Vous ne devez paraître, partout, qu'avec votre mère, car la réputation des femmes avec lesquelles on vous verra va influer sur la vôtre; gardez donc vos courses de jeune personne pour la Malmaison, quand vous y serez, ou pour Saint-Germain, lorsque j'aurai le bonheur de vous y voir, mais, où vous êtes, ne perdez pas un instant de vue les convenances et les yeux des Parisiens.

» Votre grand-père vous a bien regrettée pour son Dimanche Gras; il n'y avait que le docteur [1] et moi. Adieu, mon ange. »

---

1. Le docteur Dubreuil, ami de madame Campan et voisin du marquis de Beauharnais ; tous deux demeuraient rue de Lorraine, à Saint-Germain.

Hortense sera-t-elle aussi raisonnable que le voudrait madame Campan? C'est douteux! A dix-sept ans, le plaisir a bien de l'attrait et les tentations sont nombreuses.

Lucien donne au ministère de l'Intérieur des fêtes charmantes, où toutes les grandes élégantes veulent être invitées. On danse dans la magnifique galerie que le duc de Brissac, ancien propriétaire de l'hôtel, a fait construire à cet effet, et le bal est toujours suivi d'un très beau souper.

Les autres ministres, les membres de la famille du Premier Consul reçoivent également: il y a aussi les bals du troisième Consul, tous les mardis, au pavillon de Flore; les soirées de madame de Montesson, sans compter toutes celles qui se donnent encore en l'honneur de madame Bonaparte et de sa fille. Au besoin, Joséphine les provoque:

« Elle se souvint d'un bal que nous avions donné, quatre ans auparavant, écrit M. d'Arjuzon dans le *Journal de sa vie*, et demanda à ma femme, qu'elle avait connue toute jeune et pour laquelle elle conservait de l'amitié, d'en organiser un autre pour procurer un amusement à mademoiselle Hortense, sa fille. Nous invitâmes un grand nombre de jeunes créoles de leur connaissance, parentes et amies de madame d'Arjuzon. Cette fête fut très élégante, très réussie et se prolongea fort avant dans la nuit. Après le souper, madame Bonaparte voulut voir mes enfants et j'eus l'honneur de la conduire dans leur chambre auprès de leurs berceaux... »

Les Tuileries ne sont pas plus calmes, Joséphine a des réunions intimes dans ses appartements et, fréquemment, les salons du premier étage s'ouvrent pour de grandes réceptions : régulièrement chaque décade ont lieu, dans la galerie de Diane, des dîners de deux cents couverts composés d'invités de toutes sortes : envoyés diplomatiques, ministres, sénateurs, députés, tribuns, conseillers d'État, fonctionnaires, artistes, savants, militaires de tous grades, depuis le général jusqu'à l'humble soldat qui vient d'obtenir une arme d'honneur[1].

Le *quintidi* est le jour de la revue, ou parade, que le Premier Consul passe sur la place du Carrousel, à midi, et qui attire toujours une foule de curieux et d'étrangers au palais.

Le *duodi*, il reçoit les sénateurs et les généraux; le *quartidi*, les membres du Corps législatif; le *sextidi*, les tribuns et le tribunal de cassation ; le 2 et le 17 de chaque mois, les membres du Corps diplomatique [2]. A la première audience solennelle qu'il accorda aux Tuileries à ceux-ci,

---

1. L'institution des armes d'honneur précéda celle de la Légion d'honneur. On donnait, comme récompenses, des fusils, des carabines, des sabres, des grenades, des mousquetons, des haches, des trompettes et des baguettes d'honneur.

2. Membres du Corps diplomatique en 1800 : MM. le marquis de Musquiz, ambassadeur d'Espagne ; Justiniani, ambassadeur de Rome ; Serbelloni, ambassadeur de la République Cisalpine ; Schimmelpenninck, ambassadeur et ministre plénipotentiaire de la République Batave ; le baron de Restzenstein, ministre pléni- potentiaire de Bade ; Boccardi, ministre plénipotentiaire de la République Ligurienne ; Manthey, chargé d'affaires de Danemark ; Kopp, chargé d'affaires de Hesse-Cassel ; Signeul, chargé d'affaires de Suède ; Classen, agent général du commerce de Danemark ; le baron de Sandoz-Rollin, ministre plénipo- tentiaire de Prusse ; Jenner, ministre plénipotentiaire de la République Helvétique.

le 2 ventôse, les journaux signalèrent une innovation : « On offrit du café, du chocolat, du thé et divers rafraîchissements dans une pièce voisine de celle où se tenait le Premier Consul. »

Vers la fin du carême, les bals et les soirées font trêve momentanément et sont remplacés par des distractions d'un genre plus sérieux. Une mondaine, vraiment digne de ce nom, ne saurait manquer, pendant les trois derniers jours de la Semaine Sainte, la promenade de Longchamp, si vantée sous l'ancien régime et dont le Premier Consul vient d'autoriser le rétablissement. C'est une occasion d'exhiber sa voiture quand on en a, sinon l'on va en fiacre. Et l'on défile ainsi, lentement, entre deux rangées de curieux venus là pour admirer les équipages et les nouvelles toilettes printanières ; l'on roule jusqu'à la barrière de l'Étoile, puis l'on revient ; quelques voitures poussent jusqu'au Bois de Boulogne, mais c'est le petit nombre...

Le soir, on assiste aux concerts spirituels de l'Opéra qui ont recommencé, également, à se faire entendre cette année-là.

Le retour de la belle saison ramène aussi le goût des plaisirs champêtres : Hortense fait de fréquentes courses aux environs de Paris et accompagne le Premier Consul dans ses déplacements à la Malmaison, où il aime à se rendre trois jours par décade.

Voilà donc les études sérieuses de nouveau renvoyées aux Calendes grecques. Madame Campan, qui s'aperçoit qu'elle a prêché dans le désert, se fâche, cette fois, pour tout de bon.

8 germinal an VIII (29 mars 1800.)

« Vous voilà donc, ma chère Hortense, dans un tourbillon qui vous entraîne à l'habitude de déjeuner sept jours de la décade en ville, plus le *décadi* et le *primidi* à la Malmaison : il ne faut plus penser à vos maîtres, il faut dire adieu à toute occupation, il faut consentir à ce que Paris entier dise que vous êtes livrée au tourbillon du monde, si cela continue, à moins que vous n'ayez le courage et la tenue de résister à ce tourbillon dangereux où vous entraîne même votre maman, par le plaisir bien naturel de vous avoir avec elle ; mais prenez-y garde, mon Hortense, ces gens qui vous invitent ne le font pas pour vous, mais bien pour eux, parce que vous êtes *la personne du jour*, titre effrayant pour quiconque réfléchit, car il indique, par son sens, que cette faveur est passagère... Si vous perdez l'habitude de l'occupation suivie, vous êtes perdue sans ressource pour le bonheur et les jouissances intérieures et vertueuses... Quant à l'emploi de votre temps, le voici, selon moi :

» Le matin, une leçon depuis neuf heures et demie jusqu'au déjeuner, ou bien dessiner seule.

» Déjeuner.

» Une leçon après le déjeuner.

» *Duodi*. — Hyacinthe Jadin [1], même jour le maître de dessin.

» *Tridi*. — Bonesi [2] puis votre dessin, seule si vous voulez.

» *Quartidi*. —Hyacinthe Jadin et votre maître de dessin.

1. Professeur de piano et de clavecin.
2. Maître de chant italien.

» *Quintidi*. — Bonesi et dessiner seule.

» *Sextidi*. — Hyacinthe Jadin et le maître de dessin.

» *Septidi*. — Grasset[1] et vos études ordinaires.

» *Octidi*. — Hyacinthe Jadin et le maître de dessin.

» *Nonidi, décadi* et *primidi*. — Congé à raison de la campagne.

» En ayant votre paiement exactement fait tous les premiers du mois, par l'ordre de votre maman, vous aurez le plaisir de payer régulièrement et de jouir de l'estime que l'on a pour les personnes exactes à leurs engagements... Cela est bien nécessaire pour tout le monde et assure la destinée d'une fille à marier, car bien des gens redoutent la magnificence qui vous environne, quoiqu'elle tienne indispensablement à la représentation nécessaire au Premier Consul... »

Hortense répond aussitôt à sa vieille amie pour l'apaiser, adroitement elle la consulte, lui soumet des projets d'études.

1. Célèbre violoniste et professeur d'accompagnement.

Prise par son côté faible, madame Campan
désarme.

« Voici donc, ma bonne Hortense, les conseils
que vous avez désirés sur vos lectures et le
choix des livres que je voudrais vous voir, il
est peu nombreux, mais suffisant.

» Je désire que vous ayez la totalité des
OEuvres d'Anquetil ; le Dictionnaire géographique,
de Lacroix vous sera d'une grande utilité ; de
même que celui des *Hommes illustres.* Les
Synonymes de l'abbé Girard vous seront également nécessaires. Je vous fais relier un
Manuel de morale, où vous trouverez, en prose
et en vers, tout ce qui a été dit de plus utile
au bonheur de l'homme par les moralistes
grecs, latins, chinois, français et anglais... Je
joindrai au petit cadeau que je vous destine
un *Catéchisme de Saint-Lambert,* il y a de très
bonnes choses dans cet ouvrage, quoiqu'il soit
assez critiqué. Je vous envoie aussi mes trois
petits volumes de *Choix de lettres des anciens et
des modernes,* il est fait avec soin par M. Jauffret,

estimable littérateur qui a continué Berquin, peut-être même avec avantage dans quelques parties...

» Il faudra aussi, pour former votre style, écrire le plus souvent que vous pourrez, me répondre, par exemple, serait assez utile et vous n'en prenez guère la peine. Je ne vous gronde pas, je vous marque seulement la persévérance de ma tendresse par la longueur de mes lettres et l'exactitude avec laquelle je vous écris.

» Si vous pouvez toujours disposer de vos matinées, d'ici à six mois vous aurez infiniment acquis ; mais il faut, autant que vous le pourrez, accoutumer à ce que l'on vous voie occupée et que l'on respecte vos intentions en ce genre. Votre cabinet d'en haut est parfait pour votre projet : à votre place, j'y aurais aussi un piano, sans ôter celui d'en bas qui peut plaire à votre maman quand elle voudra vous entendre. Dans cette petite retraite, je défierais les importuns de vous dénicher ; ils pourraient parcourir inutilement la totalité du palais des Tuileries...

» Faites-moi, je vous prie, un beau dessin d'un des mamelouks du Premier Consul. Isabey vous donnera des conseils; il sera exposé à mon exercice et ce sera le premier, le seul ouvrage que j'aurai de mon Hortense... »

Faire le portrait d'un mamelouk! Madame Campan a vraiment là une inspiration ! ces mamelouks sont des hommes superbes et leur costume est si pittoresque ! L'idée séduit Hortense : elle la met sans retard à exécution et prend pour modèle Roustan, le mamelouk favori, l'homme de confiance du Premier Consul. Parfois, les séances sont longues ; Roustan, peu habitué à ce genre d'exercice, se fatigue de poser et serait tenté de s'endormir, mais Hortense a soin de le tenir éveillé par sa conversation, souvent même elle lui chante une chanson ou bien lui raconte une histoire. Elle prend tant d'intérêt à son travail qu'elle en oublie parfois l'heure des repas. Un jour, au moment du déjeuner, le Premier Consul était déjà dans la salle à manger, Hortense ne paraissait pas, Joséphine monta chez elle et, la trouvant devant son chevalet, lui demanda, d'un air mécontent, si elle comptait « gagner son pain en artiste pour travailler avec une telle ardeur ».

» — Maman, répondit Hortense, dans le siècle où nous sommes, qui peut être assuré que cela n'arrivera pas... ?

Enfin le portrait est achevé. Madame Campan le déclare « charmant ».

« — Cet habitant de l'Égypte, dont le poignard est si bien imité, me rassure quand je suis seule dans mon cabinet, dit-elle, et me donne l'idée d'un capitaine des gardes veillant à ma sûreté. »

Mise en goût par ce succès, mademoiselle de Beauharnais s'adonne sérieusement au dessin avec Isabey [1], à la peinture avec un élève de David, et fait un portrait très ressemblant de

1. « Ne donnez point de cachets à Isabey, il ne tient qu'à l'avantage d'aller chez vous et d'y avoir libre accès ; par la suite vous verrez, ou si vous le permettez nous verrons ce que vous aurez à faire, mais cela n'est pas pressé. » (Lettre de madame Campan à mademoiselle de Beauharnais.)

son frère Eugène, ce qui met le sceau à la
réconciliation entre l'ex-élève et son institutrice... « Adieu, petite bonne, adieu mon ange,
lui écrit cette dernière, je ne suis plus fâchée. »

Le 6 mai (16 floréal), le Premier Consul quittait Paris, gagnait Dijon, de là la Suisse, pour se mettre à la tête de son armée et courir à de nouvelles victoires.

Madame Bonaparte et sa fille s'installent à la Malmaison.

Calmes et paisibles, elles ne doutent pas un seul instant de l'heureuse issue de la campagne et s'occupent, avec entrain, à surveiller les travaux d'embellissement qui s'exécutent dans le château ainsi que dans les jardins et le parc.

Le château, composé d'un rez-de-chaussée et d'un étage, sans caractère architectural bien prononcé, ressemble assez à une caserne. En revanche, il est suffisamment spacieux, bien distribué et commode pour recevoir. Le rez-de-chaussée contient la salle à manger, les salons, un billard, le cabinet du Premier Consul et une galerie que Joséphine s'amuse à décorer d'antiquités rapportées d'Égypte et où, plus tard, s'entasseront des chefs-d'œuvre de tous les pays.

Les appartements du Premier Consul, de madame Bonaparte, d'Hortense, et les chambres d'amis sont au premier étage et ouvrent sur un couloir carrelé qui règne dans toute la longueur du bâtiment. Au-dessus, dans un demi-étage formant le couronnement du château, se trouvent des pièces mansardées, destinées aux invités de moindre importance et aux officiers de Bonaparte.

On passe, du château dans le parc, par un pont-levis, flanqué, à droite et à gauche, de petits obélisques de marbre rouge de quatorze pieds de haut, couverts d'hiéroglyphes dorés.

Parvenu dans ce parc, on peut se croire

transporté dans un domaine enchanté : accidents de terrains, rivière et cascades, pelouses
verdoyantes, arbres séculaires et taillis épais,
corbeilles fleuries, tout y est agreste, frais et
riant, tout semble y avoir été réuni pour l'agrément de la promenade et le plaisir des yeux.

Hortense, avec son âme d'artiste, se plaît au
milieu de cette belle nature dont elle ressent
profondément le charme et la poésie. Souvent,
seule, elle s'enfonce à travers les allées
ombreuses, tantôt lisant, dessinant, le plus
souvent envolée dans une de ces rêveries dont
elle est coutumière et qui la laissent ensuite
toute distraite et songeuse.

D'autres fois, en compagnie d'une amie, elle
gravit, gaie et rieuse, la colline du parc, afin
de faire admirer, à celle-ci, le magnifique panorama qui s'étend à leurs pieds. En face, ce
sont les plaines de Rueil, traversées par la
Seine qui semble ramper, déroulant ses anneaux
comme un gigantesque serpent reluisant au
soleil; c'est l'île de Croissy, posée comme une
corbeille de verdure au milieu du fleuve; c'est

Chatou qu'enjambe un double pont. A droite, voici le pittoresque village de Rueil et sa coquette église ancienne ; plus loin, Nanterre, Colombes ; à gauche, on aperçoit Marly avec ses arches d'aqueduc béantes sur le vide, et, perdu dans le lointain, Saint-Germain et sa forêt dont la ligne sombre barre l'horizon.

Hortense a, en ce moment, près d'elle, Églé Auguié, sa compagne de pension, nièce de madame Campan qui a consenti à l'envoyer à la Malmaison « sur la foi qu'il ne s'y trouverait pas d'*agréables* à barbes noires, blondes, rousses ; à buggies[1], à chevaux anglais, à valses, etc. ». Les deux amies jouissent beaucoup de leur réunion et profitent, largement, de cette vie de grand air et de liberté. Suivies de mademoiselle Bayeux[2], femme de chambre

---

1. Cabriolet découvert à deux roues.

2. Mademoiselle Bayeux, devenue plus tard madame Charles, fut placée, en 1800, auprès de mademoiselle de Beauharnais par madame Campan : « Elle a été femme de chambre de mademoiselle d'Orléans, et madame de Montesson s'y intéresse vivement, écrit madame Campan le 7 mars 1800. Vous auriez donc toujours, près de vous, une personne d'une douceur, d'une modestie parfaites et de la plus grande adresse, sachant servir

d'Hortense, ou de Soliman, son valet de pied,
elles circulent dans les environs et poussent,
souvent, jusqu'à Saint-Germain, qui n'est qu'à
trois lieues, pour visiter le marquis de Beauharnais dont les forces déclinent visiblement,
et sa femme, qui a pour mademoiselle de
Beauharnais toute la tendresse d'une véritable grand'mère ; elles vont ensuite goûter
au pensionnat, où maîtresses et élèves leur
font fête.

Au besoin, madame Campan fait naître
l'occasion de ces petits voyages qui la rendent
si heureuse :

« Bonne amie, écrit-elle à Hortense le 20 mai,
Collin d'Harleville, auteur de l'*Inconstant*, du
Vieux Célibataire, de l'*Optimiste*, etc., mon bon
et ancien ami, vient demain, à midi précis, me
lire une pièce de lui en cinq actes, que l'on
doit donner avant peu au théâtre de la Répu-

comme les gens de très bon ton étaient servis. Ce n'est pas une
gouvernante, mais une femme de chambre modestement et sim-
plement mise... Madame de Montesson la regarde comme un
trésor. » Quelques jours plus tard : « J'ai été bien contente de
votre nouvelle femme de chambre, c'est la décence personnifiée. »

blique [1]. Je n'ai la permission d'y admettre
que mes nièces... Si mon Hortense obtenait de
sa maman de la laisser venir à cette lecture,
la fille chérie de mon cœur pourrait bien
figurer parmi mes nièces... Cette lecture sera
bien intéressante, je vous en préviens... »

Moins d'un mois après cette lettre, Hortense
perdit son grand-père : le marquis François de
Beauharnais, « ancien gouverneur des Isles-sous-
le-Vent de l'Amérique, chef d'escadre des
armées navales, » mourut le 29 prairial an VIII
(18 juin 1800), à deux heures du matin, âgé de
quatre-vingt-six ans [2].

« Chère Hortense, écrit madame Campan,
vous serez sûrement touchée en apprenant que

1. Très probablement *les Mœurs du jour ou l'École des jeunes
femmes*, comédie en cinq actes et en vers, qui fut représentée
au Théâtre-Français de la République, le 7 thermidor an VIII,
et jouée par Dazincourt, Fleury, Saint-Fal, Grandménil et par
mesdames Contat, Mézeray, Mars aînée, Mars cadette, Hop-
kins, etc...

2. 29 prairial an VIII, Ch. de Gauville, maire de Saint-Germain-en-Laye, enregistre le décès de François de Beauharnais,
« natif de La Rochelle, Charente-Inférieure, ancien gouverneur
des Iles-sous-le-Vent de l'Amérique, chef d'escadre des armées
navales, âgé de quatre-vingt-six ans, veuf de Henriette Pivard
Chatulet *(sic)* et époux, en deuxièmes noces, de Marie-Euphémie-

votre vertueux grand-papa a cessé d'exister, et
je suis sûre que, dans la douleur de sa perte,
votre cœur éprouvera quelque consolation d'être
allée hier passer une heure près de lui, de
l'avoir vu une dernière fois avant qu'il quittât
cette vie...

» Il voulut, à son dessert, manger des fraises,
quoiqu'elles lui eussent été très nuisibles les
années précédentes ; il se trouva incommodé
après son dîner ; vers les six heures, on fit
appeler le docteur qui lui fit prendre quelques
remèdes qui le soulagèrent. A neuf heures et
demie, il était au lit, fort gai et ne souffrant
plus ; à onze heures et demie, madame de
Beauharnais l'a quitté, il était de très bonne
humeur, il a plaisanté avec sa femme et s'est
endormi sans douleur, pour ne plus se réveiller. C'est la fin la plus heureuse et la plus

Désirée Tascher de la Pagerie, décédé ce jour à deux heures
du matin, en son domicile, rue de Lorraine n° 5. Déclaration
faite par Jean-Antoine Teissonnier, citoyen, demeurant rue de
Lorraine, n° 32, et René-François Beaucaine, vivant de son
revenu, rue de Lorraine, n° 25. — Mairie de Saint-Germain-
en-Laye.

douce que pouvait éprouver ce respectable vieillard.

» Votre bonne maman a chargé M. Dubreuil de faire part de cet événement à madame Bonaparte. Je m'afflige d'avoir à vous apprendre une chose si pénible. Voyez avec votre maman, chère amie, ce que vous avez à faire de convenable en cette circonstance... »

L'annonce de la victoire de Marengo vient forcément distraire mademoiselle de Beauharnais de son deuil : Joséphine fait dresser une tente dans le jardin de la Malmaison et y donne un grand souper, afin de fêter l'heureuse nouvelle, puis elle se transporte, avec sa fille, aux Tuileries, pour y attendre son époux, qui arrive dans la nuit du 2 au 3 juillet, après avoir traversé la France en triomphateur, au milieu des ovations des populations accourues, sur son passage, pour le saluer.

A Paris, l'enthousiasme tient du délire : une foule immense se presse dans les jardins des Tuileries, avide de contempler les traits du

héros ; toute la journée, les acclamations ne s
cessent de se faire entendre et, le soir, la ville e
entière illumine spontanément.

Après avoir reçu toutes les félicitations,
assisté aux nombreuses fêtes qui se donnent
en son honneur, le Premier Consul va enfin se
reposer de ses glorieux travaux, à la campagne.

Autant la vie, à la Malmaison, a été morne en
l'absence de Bonaparte, autant, à présent, elle
sera animée et bruyante.

Le château est plein d'invités, auxquels
viennent se joindre des flots de visiteurs, qui
arrivent de Paris ou des environs, que Joséphine
retient à déjeuner ou à dîner et qui, souvent,
s'en retournent à une heure avancée de la nuit.

Outre ce que le Premier Consul appelle sa
famille militaire, outre ses frères et sœurs, on
voit, au nombre des plus assidus : Népomucène
Lemercier, auteur dramatique, qui vient de
remporter un nouveau succès avec sa pièce de
Pinto, et dont tout le monde apprécie l'esprit
original et primesautier; Denon, homme de
bonne compagnie, juge éclairé dans toutes les

questions d'art et d'un goût impeccable ; Volney, érudit philologue, qui a rapporté, de ses voyages en Orient, une foule de souvenirs et d'anecdotes ; le général Moreau, pour lequel Napoléon se met en grand frais d'amabilités ; Isabey, âgé de trente-trois ans, véritable boute-en-train, l'amuseur en titre, toujours prêt à dire et à faire mille folies ; Talleyrand, fin causeur, spirituel et caustique ; MM. de l'Aigle, Baudin, Chanorier, l'ex-seigneur de Croissy, vieil ami de Joséphine, etc... Parmi les femmes : madame de La Rochefoucauld, parente de Joséphine, petite, bossue, aimable par calcul, mais, au fond, fort dédaigneuse ; madame Hulot, tracassière et envieuse, que Bonaparte craint comme le feu, mais, en qualité de créole, protégée par Joséphine qui travaille à marier sa fille Eugénie avec le général Moreau ; madame de Vergennes, sa fille aînée : madame de Rémusat, intelligente et ambitieuse, en quête d'une situation pour son mari, etc., etc.

Hortense est à la tête de la brillante jeunesse qui ne demande qu'à s'amuser ; autour d'elle se groupe un joyeux essaim d'amies de pension, la plupart jolies et pleines de talents, auprès desquelles les aides de camp du Premier Consul et les jeunes officiers de sa Garde se montrent fort empressés.

Dès six heures du matin, le château est en mouvement ; les uns vont et viennent pour leurs affaires, les autres pour leurs plaisirs. Comme on est en plein cœur de l'été, c'est le meilleur moment de la journée pour monter à cheval, on organise donc des cavalcades et l'on prend pour buts de promenades : Bougival, l'étang de Saint-Cucufa, le bois du Butard, les ruines de la résidence d'été de Richelieu, le hameau de la Jonchère, le château de Buzenval, etc., à moins que l'on ne préfère les excursions plus lointaines.

Hortense se montre habile écuyère, elle adore les longues chevauchées, les courses folles à travers la campagne. Un jour, son cheval prend peur et s'emporte ; elle veut sauter à terre, mais les plis de l'amazone embarrassés dans l'étrier l'empêchent de se dégager et elle tombe, traînée par sa monture pendant quelques pas. Un cri d'effroi sort de toutes les poitrines, on accourt, on la relève... fort heureusement elle n'a que quelques égratignures sans importance.

A onze heures, on déjeune presque toujours entre femmes. En sortant de table, on va faire un tour de jardin, en compagnie de madame Bonaparte qui surveille avec sollicitude ses parterres de fleurs et qui rêve d'avoir bientôt une serre chaude. On rentre ensuite, en attendant les visites de l'après-midi, pour causer, lire les journaux et les livres nouveaux arrivés de Paris, tandis que Joséphine s'installe à une table de jeu pour quelque interminable patience, à moins que, aidée des personnes de bonne volonté, elle ne travaille à sa tapisserie, sortie des magasins de madame Dubucquois et destinée à renouveler le meuble du salon de la Malmaison ; sur le canevas, est dessinée sa double initiale : deux J, en forme d'ancre, enlacés de roses pompon qui se détachent sur un fond de soie blanche.

Le dîner, servi à six heures, réunit les maîtres de la maison et leurs hôtes à une même table que, l'été, aux jours de beau temps, l'on dresse sous les arbres.

Les femmes ont soigné leur toilette, pour passer l'*inspection* de Bonaparte à qui rien n'échappe et qui s'amuse à les taquiner, quand elles risquent une robe défraîchie ou des ornements de mauvais goût. Toutes sont vêtues de blanc, pour lui plaire. Elles portent de longues jupes de percale, de toile d'Orange à dessins à losanges, de crêpe, de basin, d'organdi ou de mousseline des Indes, soit unie, soit brochée, d'un tissu merveilleusement fin, posées, quelquefois, sur un transparent vert, jonquille, aurore, violet, amarante ou puce, et garnies, dans le bas, de broderies figurant des guirlandes de laurier, de chêne, de pampres, de capucines, de jasmins. Les mêmes motifs bordent le col et les manches du corsage appelé *canezou*, orné encore de dentelles de prix : valenciennes, malines, point d'Angleterre ou point à l'aiguille.

Les cheveux, « émêchés » avec de l'huile antique, tombent très bas sur le front, couvrent presque les joues et sont retenus, derrière la tête, par un peigne d'or enrichi de camées et de pierres précieuses.

Comme de nos jours, on ne met pas de diamants à la campagne, mais on voit, plus ordinairement, des perles, surtout des topazes, qui sont très recherchées, et même des cornalines, que l'on monte en croix, en broches, ou que l'on taille en poires, pour les pendants d'oreilles. Les bracelets à la mode sont en cheveux avec fermoirs variés, ou bien figurent un ruban d'or tricoté à mailles très serrées. Enfin, la parure se complète d'une longue chaîne, passée au cou et à laquelle est suspendue une large montre, achetée le plus souvent chez Leroy qui les vend deux mille francs. Hortense en porte une de grande dimension, qui sonne les heures, elle est en émail bleu, entourée de quarante et une perles fines sur chacune de ses deux faces, et qui lui a été donnée, quatre ans auparavant, par son beau-père.

La table du Premier Consul est servie sans
faste, mais la cuisine y est soignée ; matière à
grief pour le *Courrier de Londres* qui commence
par constater que « madame Bonaparte continue
à obtenir l'estime et les suffrages publics, que
mademoiselle Beauharnais a toutes les grâces
d'une jolie figure et d'une belle âme », et qui
termine en décochant cette flèche de Parthe :
« Enfin le Premier Consul fait très bonne
chère, les gourmands trouvent seulement qu'on
mange trop vite chez lui, ils s'en plaignent
amèrement. »

« On saura, dit à ce propos la *Gazette de
France*, que Bonaparte fait dîner cinquante
personnes en moins de vingt minutes... »

Le dîner achevé, l'on prend quelques instants
de repos et, si aucun travail pressé ne l'oblige
à rentrer, le Premier Consul propose, à la
jeunesse, une partie de colin-maillard, ou, plus
souvent encore, une partie de barres, sur la
pelouse devant le château, ou dans la grande
allée des marronniers.

Voilà le vainqueur de Marengo qui met

habit bas et qui joue avec tout l'entrain d'un collégien. Il s'amuse à tricher, s'évade quand il est prisonnier, fait tomber ses adversaires, tombe lui-même quelquefois par terre, au moment où il croit saisir sa belle-fille qui, semblable à une sylphide, lui glisse entre les doigts, et il se relève en riant pour la poursuivre encore.

On rentre enfin au salon, gai, las, un peu essoufflé. Madame Bonaparte prend les cartes à jouer et recommence, sans se lasser, ses éternelles patiences ; à moins que, pour changer, elle ne s'amuse à une partie de tric-trac, tandis qu'Hortense et ses amies se réunissent autour du piano pour faire de la musique.

A certains jours, Bonaparte se sent en verve ; chacun quitte alors ses occupations, avec empressement, pour se rapprocher de lui et l'entendre discourir sur les sujets les plus divers. Il étonne, charme et intéresse ceux qui l'écoutent, par sa parole imagée, ses idées neuves, toujours profondes, originales et hardies, souvent poétiques. Le surnaturel, surtout, a le don de le passionner ; sur son ordre, quelquefois, on couvre les lumières d'une gaze et, dans une demi-obscurité propre à frapper l'imagination, au milieu d'un profond silence, il raconte quelque lugubre histoire de revenants ou de pressentiments funestes, qui fait courir un frisson de terreur dans la moelle de ses auditeurs.

Autrefois, comme de nos jours, les mystifications étaient le complément obligatoire des distractions de la vie de château, il en est ainsi à la Malmaison. On s'amuse surtout aux dépens de Carrat, sorte de gobe-mouches, fort poltron, que madame Bonaparte a ramené de Plombières, l'année précédente, en qualité de coiffeur. Tout le monde rit de sa sottise et de sa crédulité, particulièrement Hortense qui lui joue tous les tours imaginables : tantôt, déguisée en fantôme, elle lui apparaît dans les corridors sombres, tantôt son lit s'effondre pendant son sommeil et il reçoit une potée d'eau à la figure, tandis que l'espiègle crie dans l'obscurité : « Ah ! mon Dieu, voilà les crapauds et les grenouilles qui lui tombent sur le nez ! » Quelquefois,

Carrat se fâche et alors Hortense se sauve en riant aux éclats.

Cependant, les distractions qu'affectionne mademoiselle de Beauharnais sont, ordinairement, moins puériles. Elle se souvient des succès qu'elle a remportés sur le théâtre de l'Institution de Saint-Germain et brûle du désir de remonter *sur les planches*, à la Malmaison. Déjà, avec ses amies, avec Eugène, Jérôme, Isabey, Bourrienne, elle a joué des charades, des petites pièces de circonstance, sans nul apprêt : des paravents figuraient la scène et l'on s'affublait de schalls et d'oripeaux puisés dans la garde-robe des uns et des autres, au hasard de la rencontre ; mais, après Marengo, la petite troupe, dont les exigences croîtront avec le talent, veut aborder la comédie plus sérieuse et réclame un théâtre. Bonaparte, qui prend un grand plaisir à ces représentations, ne peut rien lui refuser, il la contente donc, pour le moment, en commandant à son architecte, Fontaine, un petit théâtre portatif que l'on dresse dans la galerie, près du salon.

Quelles pièces joue-t-on, à la Malmaison,
cette année-là ? La question est assez difficile à
résoudre, mais, ce qu'il y a de certain, c'est
que les acteurs font de leur mieux et que les
spectateurs les applaudissent avec conviction;
le vieux M. Chanorier se range parmi ces
derniers :

« Il m'a écrit, dit madame Campan à mademoiselle de Beauharnais, une lettre folle sur
vous tous, tant il est engoué de votre manière
de jouer la comédie : Hortense délicieuse!
madame Murat charmante! M. Bourrienne
parfait! Jérôme unique!... les chœurs des
séraphins! la musique du ciel!... Je vous crois
tous remplis de talents, mais convenez qu'un
spectateur que l'on anime à ce point a bien
du mérite... »

Le temps que le Premier Consul passe à la
campagne se trouve coupé de fréquents voyages
à Paris, où il se rend continuellement pour les
affaires, et où madame Bonaparte et Hortense
l'accompagnent souvent pour aller voir leurs
amies ou passer une soirée au théâtre. Les

programmes des spectacles continuent à être des plus variés : à l'Opéra, on donne *Hécube ;* aux Français, *Adelaïde Duguesclin* ou une reprise de *Didon ;* Feydeau monte une pièce patriotique : *Desaix au Mont Saint-Bernard ;* les Variétés, piquées au jeu, ripostent par le *Retour de Marengo.*

A noter aussi, les déplacements que l'on fait dans les environs, à Morfontaine principalement, propriété de Joseph Bonaparte, où le Premier Consul vient, en thermidor, passer l'anniversaire de sa naissance en famille ; il y retourne le primidi, 11 vendémiaire an IX (3 octobre 1800), avec Joséphine et Hortense, pour fêter les envoyés des États-Unis, venus en France, afin d'y conclure la paix. Le traité, signé deux jours auparavant, entre Joseph Bonaparte, Rœderer, Fleurieu, d'une part, et Elworth, Davie, Murray, de l'autre, ministres plénipotentiaires des deux nations, est présenté au Premier Consul, à six heures du soir, et salué, au même instant, par une salve de douze coups de canon.

Un grand banquet de cent quatre-vingts couverts, disposé dans trois salles contiguës que l'on avait ornées de fleurs, de feuillages, de devises et de lampions multicolores, réunit ensuite, tous les invités : ministres, ambassadeurs, présidents de sections au Conseil d'État, présidents du Sénat, du Tribunat, de la Cour de cassation, un grand nombre de notabilités, parmi lesquelles on remarque Lafayette, des étrangers de distinction comme madame Murray, femme d'un des députés américains, etc., etc.

Mademoiselle de Beauharnais est placée à la table du Premier Consul, dans la salle dite de l'Union, avec les personnages les plus importants; les autres convives se dispersent dans les salles Washington et Franklin.

La musique exécute, pendant le dîner, de brillants morceaux. Un peu avant la fin du repas, Bonaparte commande le silence, c'est le moment des toasts. Il en porte un aux « mânes des fondateurs de la Liberté aux États-Unis », le second et le troisième Consul en proposent d'autres à son exemple.

Au sortir de table, on passe dans le jardin, merveilleusement illuminé, pour assister au feu d'artifice qui est tiré sur la rivière, en face du château, et dont toutes les pièces sont d'ingénieux rappels aux circonstances présentes ; le bouquet, très admiré, représente l'union de la France et des États-Unis.

On n'est encore qu'à la moitié du programme : un magnifique concert se donne dans les appartements : madame Barbier-Walbonne et Garat se font entendre, ensemble ou séparément, dans divers morceaux de chant et récoltent, comme toujours, des bravos enthousiastes. On applaudit également Rode, premier violon de l'Opéra, et Frédéric, le cor le plus célèbre de l'époque. La Comédie-Française fait ensuite son entrée : mesdemoiselles Contat, Devienne ; les citoyens Fleuri, Dazincourt, Caumont représentent une comédie de Marivaux : *les Jeux de l'Amour et du Hasard*, à laquelle succède une petite pièce intitulée *Minuit*, jouée par madame Lachassaigne, mesdemoiselles Simon, Mézeray et Devienne, le tout agrémenté de couplets du vaudevilliste **Barré** et de **Despréaux**, à la fois danseur de l'Opéra, poète-chansonnier et organisateur de la fête.

Le lendemain matin, on reçoit les adieux des envoyés américains qui s'en retournent dans leur pays, sans passer par Paris. Eux partis, il se trouve encore, à Morfontaine, plus de quatre-vingts personnes qui prennent part à un grand déjeuner servi, dans le jardin, sous une vaste tente. Au moment du dessert, on vient dire à Jérôme Bonaparte qu'un cerf a été aperçu dans le parc; quelle aubaine! le bruit se répand de proche en proche, et toute la jeunesse est soulevée à l'idée d'une chasse à courre à improviser. On réquisitionne à l'instant toutes les montures disponibles, ceux qui ne peuvent se procurer des chevaux enfourchent des ânes et tous se lancent, joyeux et bruyants, à la poursuite de l'animal.

Pendant ce temps, le Premier Consul part pour Paris où madame Bonaparte et Hortense le rejoignent, le même jour.

V

Voici l'automne arrivé. Avec le mauvais
temps et l'humidité, la Malmaison est devenue
moins agréable à habiter que pendant la belle
saison, aussi madame Bonaparte et sa fille se
réinstallent-elles aux Tuileries, quittes à faire
de fréquents voyages à la campagne, où le Premier Consul aime à venir se reposer, loin de
l'agitation des affaires et du bruit de la foule.

De nombreuses distractions attendent encore
Hortense, à sa rentrée dans la capitale. Il y a,
le 17 vendémiaire (9 octobre), un très beau
concert chez Cambacérès, en l'honneur de Bonaparte, pour fêter l'anniversaire de son retour

d'Égypte; le 8 brumaire (30 octobre), un bal superbe chez madame Berthier, auquel madame Bonaparte assiste avec mademoiselle de Beauharnais, madame Murat et que « les plus aimables femmes de Paris, disent les journaux, embellissaient de leur présence »; le 21 brumaire (12 novembre), un autre bal chez madame Permon, à l'occasion du mariage de sa fille, Laure, avec le général Junot, etc...

Le 15 brumaire (6 novembre), les élèves du Conservatoire ont donné une fête; le Premier Consul s'y est rendu avec sa famille, et a été salué, à son arrivée, par les applaudissements de l'auditoire « presque exclusivement composé, lit-on dans la *Gazette de France*, de talents distingués et de jolies femmes ». Le lendemain, Hortense accompagne madame Bonaparte et les trois consuls qu'escortent Eugène, Murat, Duroc, Denon, etc., au Musée central des Arts, où se trouvent exposés les tableaux des peintres vivants.

Le salon contient, cette année-là, quantité d'œuvres intéressantes et remarquables. On y

voit un *tableau allégorique du 18 Brumaire* ou
la *France sauvée*, une esquisse de la *bataille
de Marengo*, de Callet ; la *bataille de Lodi*, *le
Passage du Pô*, de Bacler d'Albe ; six dessins du
panorama en vue de Toulon au moment du départ de l'escadre commandée par Bonaparte
pour l'expédition d'Égypte, de Constant Bour-
geois ; des toiles de Greuze, de Girodet, de
Garnerey, de madame Leguay née Victoire
Jacquotot, etc... [1].

Conduits par Foubert, administrateur du
Musée, les visiteurs descendent, ensuite, dans la
Galerie des Antiques qui doit être livrée au
public deux jours plus tard. La plupart des
richesses qu'elle contient ont été « choisies au
Capitole et au Vatican, conformément au traité
de Tolentino, par les citoyens Barthélemy,
Bertholet, Moitte, Monge, Thouin et Tinet ».
Elles sont disséminées dans plusieurs salles.
La première se nomme la salle des Saisons, à
cause des quatre saisons qui ont été peintes, au

---

1. Le Salon ouvrait, ordinairement, chaque année, le 15 fructidor.

plafond, par Romanelli. Là, sont réunies les statues des divinités champêtres : le *Faune au repos*, *le Tireur d'épine*, *Vénus sortant de l'onde*. Dans la seconde salle, dite des Hommes illustres, se trouvent le *Philosophe* (qui, découvert en 1701, à Civita-Lavinia, passa d'abord pour Zénon), *Démosthène*, *Trajan*, etc. Viennent, ensuite, la salle des Romains avec *Auguste revêtu de la toge*, la *Prêtresse d'Isis*, dite *la Vestale du Capitole*, le fameux *Antinoüs du Capitole ;* et la salle de Laocoon où, avec le célèbre groupe en marbre du *Laocoon*, sont exposés la statue dite d'*Adonis*, *le Discobole au repos* et *le Discobole dans l'action de lancer le disque*, *l'Amazone*, etc... Voici, maintenant, la salle des Muses, puis celle d'Apollon, où, entouré des statues de *Junon*, de *Mars*, de *la Vénus du Capitole*, de *la Vénus d'Arles*, trône l'admirable *Apollon-Pythien*, dit *l'Apollon du Belvédère*. Une inscription manque au socle de cette statue, Vien, membre du conseil du Musée, la présente à Bonaparte qui la pose à la place voulue. Les applaudissements éclatent, des vers sont récités et l'on félicite

vivement Foubert d'avoir improvisé cette cérémonie intime.

Mademoiselle de Beauharnais semble passer,
dans la vie, comme à travers une fête perpétuelle. Quelle est la jeune fille qui ne l'envie-
rait pas à cet instant? qui ne souhaiterait son
existence si facile et à la fois si brillante?
Hélas! si l'on pouvait deviner ce que le destin
lui prépare dans l'ombre, sans doute son sort
ferait moins de jaloux.

Nivôse approche, le théâtre de la République et des Arts est à la veille de donner
une audition à laquelle tout Paris s'intéresse,
et destinée à marquer dans les fastes de la
musique. Il s'agit de faire entendre *la Création
du Monde*, oratorio d'Haydn arrangé, par Steibelt, pour le grand orchestre de l'Opéra, et dont
le poème, traduit de l'allemand, a été « mis
en vers français par le citoyen Ségur jeune ».

Au programme figurent les noms de nos
plus grands artistes : madame Barbier-Walbonne remplira les personnages de *Gabriel* et
d'*Ève*, Chéron, ceux de *Raphaël* et d'*Adam;*

Garat fera *Uriel*. Lasuze, Guichard, Candeilles, Kalkbrenner, dirigeront les chœurs et « le citoyen Steibelt tiendra le piano pour conduire l'oratorio ».

Le concert, fixé au 3 nivôse, veille de Noël, commencera à huit heures du soir.

Mademoiselle de Beauharnais, comme bien on pense, ne saurait suivre d'un œil indifférent tous ces préparatifs qui lui promettent de hautes jouissances artistiques. Aussi, dans la soirée du 3 nivôse, aux Tuileries, attend-elle le moment de partir pour le théâtre avec une vive impatience.

Dans le salon, avec elle, se trouvent madame Bonaparte, madame Murat, Lannes, Bessières, Rapp et l'aide de camp de service Lebrun [1], que la musique passionne peut-être moins, mais qui sont, quand même, très désireux d'arriver de bonne heure à cette fête où l'élite de la société parisienne et toutes les beautés à la mode se sont donné rendez-vous.

1. Fils du troisième consul Lebrun.

Seul, le Premier Consul, harassé de fatigue par une longue journée de travail, se montre peu pressé de partir, déjà même ses yeux se sont fermés et il a fini par céder au sommeil sur un canapé, au grand désappointement des trois femmes.

Sollicité par elles, Lannes, cependant, va tenter un effort : il s'approche de Bonaparte, le réveille non sans peine, plaide éloquemment la cause commune et le décide, enfin, à commander le piquet d'escorte. Les voitures sont avancées, le Premier Consul va monter dans la première avec les généraux Lannes, Bessières et le jeune Lebrun ; madame Bonaparte, sa fille et sa belle-sœur suivront dans la seconde, accompagnées de Rapp.

Hortense et Caroline sont prêtes, Joséphine jette négligemment sur ses épaules un schall magnifique qui lui vient de Constantinople et qu'elle porte pour la première fois.

« — Permettez, madame, que je vous en fasse l'observation, lui dit Rapp avec une franchise toute militaire, votre schall n'est pas mis, aujourd'hui, avec cette grâce qui vous est habituelle.

Rapp a raison, Joséphine en convient et prie, en souriant, le jeune homme, de draper, sur elle, son schall à la manière des Égyptiennes. Celui-ci s'exécute et remplit de son mieux sa délicate mission, trop lentement, par exemple, au gré de madame Murat qui, entendant le bruit du départ du Premier Consul, s'écrie : « Dépêchez-vous donc, ma sœur, voilà Bonaparte qui s'en va... » Tous les quatre descendent à la hâte l'escalier du pavillon de Flore et montent en voiture : madame Bonaparte et madame Murat au fond ; Hortense et Rapp sur la banquette de devant.

Le cocher touche les chevaux et part vive-ment pour rattraper, s'il se peut, le Premier Consul et son escorte qui ont quelques secondes d'avance.

Transportons-nous, à la même heure, à l'Opéra. Le concert va bientôt commencer ; tous les artistes sont à leur poste. Au milieu d'eux se détachent les principaux interprètes : voici Chéron, madame Barbier-Walbonne, dont le

public aime le beau talent et la figure sympathique; Garat, l'idole des Parisiens, vêtu, comme
toujours, avec excentricité et qui, muni d'un
lorgnon à double verre, examine la salle avec
satisfaction.

Garat, en effet, peut être content, jamais l'on
n'a vu plus belle réunion. Le *Tout-Paris* mondain s'y trouve au complet. Dans les loges se
remarquent quantité de jolies femmes en toilettes de bal, aux diamants étincelants. Les
moindres places ont été utilisées; toutes, du
parterre au paradis, sont garnies de spectateurs, parmi lesquels on se montre des célé-
brités, des artistes, surtout, en grand nombre.

Le signal est enfin donné, un religieux silence
s'établit et l'orchestre attaque l'ouverture. Les
trente premières mesures de l'*Oratorio* sont à
peine jouées que quelques spectateurs per-
çoivent un bruit lointain que la musique couvre
à demi : « C'est étrange, dit Junot, qui se trouve
dans l'assistance avec sa jeune femme, comment
aurait-on tiré le canon à cette heure ? » A part
Junot, personne ne s'émeut et le concert suit

son cours. Bientôt, le Premier Consul paraît dans sa loge, située à droite de la scène, entre les deux colonnes séparant les loges de face de celles de côté; comme toujours, sa figure est impassible. Il est suivi, à peu de distance, de madame Bonaparte qui arrive accompagnée de sa fille et de sa belle-sœur; Joséphine est très pâle et semble terrifiée, Hortense a le poignet entouré d'un mouchoir et retient ses larmes avec peine; seule, madame Murat, grosse de près de neuf mois, paraît en possession de son sang-froid. Bonaparte se retourne vivement vers les trois femmes et échange, avec elles, quelques paroles à mi-voix, puis il regarde, de nouveau, du côté de la salle et lorgne tranquillement les spectateurs.

Au même instant circule dans l'assistance, avec la rapidité de l'éclair, la nouvelle que le Premier Consul a failli être victime d'un odieux attentat formé contre sa vie. Un baril de poudre, chargé à mitraille et placé sur le passage de sa voiture, a fait explosion, tuant sept personnes, en blessant plus ou moins grièvement vingt-huit autres. La secousse a brisé toutes les vitres du quartier et endommagé nombre de maisons environnantes...

En un clin d'œil toute la salle est debout : les hommes frémissent d'indignation et de colère, les femmes pleurent, très impressionnées, et tous, dans une commune pensée d'amour, se tournent vers le Premier Consul qu'ils acclament longuement et avec transports.

Le concert, ainsi interrompu, ne peut plus continuer, l'émotion a été trop violente, personne n'est disposé à écouter la musique, force est donc bien au régisseur de faire baisser le rideau, au milieu de la troisième partie de l'*Oratorio*. C'est à ce moment-là, seulement, que le Premier Consul se retire avec toute sa famille [1].

Que s'est-il donc passé dans le trajet des Tuileries à l'Opéra? Par quel concours de circonstances providentielles Bonaparte et son escorte, Joséphine, Hortense, madame Murat

1. Les commissaires de police reçurent l'ordre d'empêcher les messes de minuit dans les églises ; il n'en fut dite aucune.

et Rapp, qui le suivaient de si près, ont-ils
échappé à la mort?

A peine la voiture de madame Bonaparte
débouchait-elle sur la place du Carrousel, que
celle du Premier Consul, arrivée à l'autre extré-
mité, s'engageait dans la rue Saint-Nicaise
(l'une des nombreuses petites rues qui obs-
truaient alors le Carrousel), qu'elle devait suivre
pour aller traverser la rue Saint-Honoré et
gagner la rue de la Loi (ci-devant Richelieu)
où se trouvait le théâtre de la République et
des Arts, situé au coin de cette dernière et de la
rue Louvois. « Une mauvaise charrette, dit la
Gazette de France, attelée d'un petit cheval, sta-
tionnait, de manière à embarrasser le passage,
rue Saint-Nicaise. Le cocher du Premier Consul,
bien qu'allant extrêmement vite, eut l'adresse
de l'éviter[1]. » Quelques secondes plus tard, la
machine infernale, placée sur la charrette, faisait
explosion avec un bruit terrible, blessant la

1. Dans leur enthousiasme, les cochers de fiacre de Paris
offrirent à Germain, cocher du Premier Consul, un grand dîner
à vingt-quatre francs par tête.

monture du dernier homme de l'escorte, et à quelques mètres de la voiture de Joséphine dont les chevaux, effrayés, s'arrêtèrent d'eux-mêmes.

Les trois femmes, affolées, poussent des cris perçants ; elles sont couvertes des débris des glaces de la voiture qui ont volé en mille morceaux, même Hortense a été blessée au poignet par des éclats de verre.

Le Premier Consul a-t-il succombé ? Telle est l'horrible interrogation qui se formule dans l'esprit de Joséphine aussitôt qu'elle commence à rassembler ses idées. Déjà Rapp a sauté hors de la voiture pour courir aux nouvelles. Ordre est donc donné au cocher de poursuivre sa route, mais par un autre chemin, car la rue Saint-Nicaise est remplie de décombres, au milieu desquels gisent, pêle-mêle, les cadavres des victimes et les malheureux blessés dont on entend, dans l'obscurité, les clameurs déchirantes.

Quelques pas plus loin, la voiture croise les hommes de l'escorte envoyés pour rassurer

Joséphine et lui apprendre que Bonaparte est sain et sauf. Un instant après, l'on arrivait enfin à l'Opéra.

Rentré aux Tuileries, le Premier Consul trouve rassemblés, dans le grand salon du rez-de-chaussée, les ministres, les membres du Corps législatif et du Tribunat, des officiers, des fonctionnaires et une foule d'autres personnes accourues pour le féliciter.

Madame Bonaparte n'est guère en état de répondre aux compliments qu'on lui adresse, elle et sa fille ne sont pas encore revenues de leur stupeur et laissent couler leurs larmes longtemps refoulées. Jamais, peut-être, elles ne se sont rendu aussi bien compte des périls cachés sous leurs pas, des angoisses, des terreurs, de toutes les souffrances secrètes qui sont inséparables du rang suprême et qui le rendent si peu enviable.

Aujourd'hui, c'est un complot royaliste qui manque les faire périr; il y a deux mois, une conspiration, républicaine cette fois, conduite par Arena et Ceracchi, est découverte par la police au moment où les assassins guettent l'arrivée du Premier Consul dans les couloirs de l'Opéra. Précédemment, à la Malmaison, une tabatière, contenant du tabac empoisonné, a été déposée, par une main criminelle, sur le bureau de Bonaparte. A différentes reprises, on a eu des alertes à la campagne, et il a fallu faire garder le château par des chiens Terre-Neuve, dans la crainte d'une attaque nocturne ou d'un enlèvement possible. Il y a de quoi faire trembler de plus braves que Joséphine; l'avenir, ce soir-là, lui apparaît sous les couleurs les plus sombres. Que la pauvre femme se rassure: la Providence est là qui garde l'homme prédestiné. Elle le réserve pour l'exécution de ses desseins et veillera à ce qu'il ne lui soit fait aucun mal.

VI

1801 s'ouvre, chez les Bonaparte, par un événement de famille : madame Murat met au monde, son premier enfant, le 1er pluviôse (21 janvier).

« Si tu étois ici, écrit Hortense à une de ses anciennes compagnes [1], je t'aurois fait manger des bonbons, car j'ai été maraine *(sic)*, avec Buonaparte, du fils de madame Murat, que nous avons nommé Achille... »

Pour la France aussi, l'année commence bien : le 20 pluviôse (9 février), la paix est signée, à Lunéville, avec l'Autriche, ce qui remplit de joie

1. Caroline d'Hyenville.

toute la nation. La proclamation officielle en est faite, à Paris, par un cortège qui, pendant six heures, parcourt les quatre coins de la ville et répand la nouvelle à haute voix. Une foule immense l'accompagne et fait suivre, chaque lecture, de bravos frénétiques et des cris mille fois répétés de « Vive la République ! Vive Bonaparte ! » Le soir, le préfet de police offre un repas de trois cents couverts.

A la même occasion, le ministre des Relations extérieures donne une fête, le 29 pluviôse (18 février). « Les femmes qui embellissaient cette réunion, dit la *Gazette de France*, s'y trouvaient en grand nombre ; les parures y ont été brillantes et d'un goût distingué. »

Le 5 germinal, il y a illumination dans le jardin des Tuileries, où la musique de la Garde donne un très beau concert, et le palais apparaît constellé de lampions multicolores.

Mais rien ne peut lutter avec la magnificence que le ministre de la Guerre déploie en cette occasion : on a construit, dans le jardin du ministère, une galerie de fêtes, soutenue par

seize colonnes de bronze, imitant des canons
de 24, timbrées des noms de nos victoires les
plus célèbres et ayant, pour chapiteaux, des fais-
ceaux de sabres, de drapeaux et de branches
de laurier. Partout sont des attributs de la
Guerre et de la Paix, il y a jusqu'à des bombes
qui servent de vases à fleurs. « Dans le lointain,
lit-on dans le compte rendu que donne le
Courrier des Spectacles, on découvrait deux
camps : l'un de Français, l'autre d'Arabes, les
sentinelles, les tentes, les feux, tout contribuait
à l'illusion. La soirée commence par une petite
pièce « pleine d'esprit », composée pour la circonstance par Picard et Andrieux, puis « un
souper splendide » est servi dans les appartements. « De jeunes officiers, dit le *Journal des
Débats*, avaient été chargés, par le ministre,
d'offrir la main aux dames à mesure qu'elles
entraient, ces jeunes guerriers ont su unir la
décence et la galanterie. »

Avec les fêtes, l'hiver a ramené, pour mademoiselle de Beauharnais, les mêmes occupations,
les mêmes études, coupées, lorsque sa santé

assez délicate n'y met pas d'obstacles, de petits voyages à la Malmaison et à Saint-Germain : « J'ai presque toujours été malade, écrit-elle à une amie, le tems est si vilain que je ne puis quitter mes rhumes... »

Cette année-là, madame Campan doit faire jouer, par ses élèves, une comédie de sa composition, au moment des Jours Gras : « Je vous demande positivement de venir le jour où nous jouerons, lit-on dans une de ses lettres à Hortense, il faudra prévenir le Premier Consul, lui dire que cela me fera grand plaisir, pour qu'au dernier moment il ne s'y refuse pas ; vous devez juger que votre présence et votre suffrage, pour une petite troupe dont vous avez fait nombre et pour une production de votre institutrice, est absolument nécessaire à mon amour-propre... Lolotte[1] a un petit rôle qu'elle joue à merveille, mais la petite Isabey[2] et elle ne pouvaient jamais retenir le mot de réplique. Pour obvier à cet inconvénient, je les fais tenir

1. Charlotte Bonaparte, fille de Lucien.
2. Plus tard madame Ciceri.

par deux plus grandes qui leur pincent le bout
du petit doigt quand elles doivent parler; de
cette manière cela va parfaitement... »

C'est au retour d'un de ces déplacements à
la campagne, du 13 au 17 pluviôse (2 au
6 février), qu'Hortense trouva, aux Tuileries,
son appartement fortement endommagé par
un commencement d'incendie. « Une étincelle,
lit-on dans les journaux, tombée d'une bougie
sur un canapé chargé de musiques, y aura
entretenu le feu. La fumée qui sortait de l'appartement a donné l'éveil; on a fait crocheter
la porte et de prompts secours ont arrêté les
progrès du feu. » Matériellement, les dégâts
ne furent pas très importants, mais mademoiselle de Beauharnais eut le regret de perdre
ainsi le portrait si ressemblant qu'elle avait fait
de son frère, l'année précédente.

La paix de Lunéville avait eu, en Europe,
un retentissement considérable; les étrangers,
à présent, affluaient à Paris; les émigrés, qui
devaient, à l'intercession de madame Bonaparte,
bon nombre de radiations, revenaient en foule

et trouvaient, au demeurant, que si l'ancien
régime avait son charme, le nouveau n'en était
pas dépourvu non plus.

Bonaparte, qui voyait avec satisfaction l'apaisement se faire dans les esprits, crut le moment
bien choisi pour attirer, en France, l'Infant de
Parme et sa femme, fille du roi d'Espagne,
Charles IV, auxquels le traité de Lunéville
donnait une couronne. Ceux-ci viendraient, en
quelque sorte, recevoir l'investiture des mains
du Premier Consul, puis se rendraient, ensuite,
dans le grand-duché de Toscane érigé, en leur
faveur, en royaume d'Étrurie.

Le général Bessières fut envoyé au-devant
des illustres hôtes, qui arrivèrent le 5 prairial
(25 mai), au soir, à Paris, où ils firent une
entrée assez singulière dans de vieux carrosses
traînés par des mules qui faisaient sonner leurs
clochettes.

Le nouveau roi d'Étrurie, marié depuis 1795,
était alors âgé de vingt-six ans, sa femme,
Marie-Louise-Joséphine, en avait dix-neuf. Tous
deux voyageaient sous le nom de comte et de

comtesse de Livourne. Ils descendirent rue du
Mont-Blanc, chez le chevalier de Azara, ambassadeur d'Espagne.

Dès le lendemain, le Premier Consul, qui
avait eu soin de leur envoyer ses voitures, les
reçut, entouré de sa maison militaire, à la
Malmaison. L'entrevue fut peu favorable aux
jeunes souverains : le roi, de fait, était un
triste sire, niais, borné et puéril; la reine fut
trouvée fort laide, mais l'on s'accorda généralement à lui reconnaître une certaine amabilité
et quelque intelligence. Elle souffrait, visiblement, de la nullité de son mari, auquel il lui
fallait souffler demandes et réponses, et cherchait,
de son mieux, à pallier toutes les maladresses
qu'il trouvait encore moyen de commettre.

Tels quels, le Premier Consul ne leur rendit
pas moins tous les honneurs dus à des têtes
couronnées. A diverses reprises, il les invite
à la Malmaison et aux Tuileries, les fait assister
à de grandes revues, donne, pour eux, des
dîners de gala auxquels prennent part le
cardinal Consalvi, secrétaire d'État du Saint-

Siège, chargé, par sa Sainteté, des négociations avec la France ; monseigneur Spina, archevêque de Corinthe ; le comte de Schock, capitaine des Gendarmes du roi de Prusse, etc...

Les ministres, à leur tour les reçoivent et rivalisent, entre eux, de magnificence : Talleyrand, ministre des Relations extérieures, donne une fête splendide dans sa propriété de Neuilly métamorphosée, pour une nuit, en paysage florentin. Le roi et la reine d'Étrurie peuvent se croire dans leur nouveau royaume et au milieu de leurs sujets : devant eux se dresse le palais Pitti, leur future résidence, tandis que des chanteurs et des danseurs, déguisés en paysans toscans, les entourent, chantant des airs nationaux ou exécutant des danses de caractère.

La fête que donne Chaptal, ministre de l'Intérieur [1], le 23 prairial, n'est pas moins bien réussie. Là encore, chants, danses, décors et costumes, tout concourt à donner au couple royal l'illusion de son pays.

—————

1. Il avait remplacé Lucien Bonaparte, envoyé en mission en **Espagne.**

Le génie de la France est aussi dignement représenté par nos meilleurs artistes : Molé, Dazincourt, Michaud, Armand, Gavaudan ; mesdemoiselles Contat, Devienne et Mezeray, jouent dehors, sur un théâtre dressé sous un quinconce de tilleuls, une pièce intitulée : *le Cercle*. Après la comédie, les invités se répandent dans le jardin où « à chaque pas, dit le *Courrier des Spectacles*, quelque objet inattendu suspend la promenade : tantôt un instrument invisible fait entendre, au fond des bosquets, des sons vifs et gais, tantôt deux cors, éloignés l'un de l'autre, se renvoient de tendres accents. On s'arrête pour observer une grotte et, tout à coup, des flancs du rocher, sortent des voix harmonieuses qui chantent l'un des plus beaux morceaux dont Gluck ait enrichi notre scène lyrique... »

On rentre, pour prendre part au souper qui est servi dans la salle de spectacle, puis les premiers danseurs de l'Opéra exécutent un merveilleux quadrille réglé par Gardel : une gracieuse ballerine s'avance vers le roi d'Étrurie

et lui présente un bouquet qui, soudain, prend
entre les mains de celui-ci, la forme d'une
couronne.

La soirée se termine, enfin, par un bal qui
dure jusqu'à cinq heures du matin.

Le ministre de la Guerre choisit, pour donner
sa fête, le 25 prairial, jour anniversaire de la
bataille de Marengo.

Le bal, commencé à dix heures, s'interrompt
pour laisser l'aéronaute Garnerin lancer un
ballon « qui s'élève dans les airs et sillonne
la nuit du nom de *Marengo* tracé en caractères
de feu… » Les danses reprennent ensuite, lorsqu'un incident assez comique qui, certes, n'était
pas destiné à figurer dans le programme,
égaya un instant toute l'assistance aux dépens
du roi d'Étrurie. Il dansait avec mademoiselle
de Beauharnais et faisait des sauts et des bonds
désordonnés, fort peu compatibles avec sa
dignité, lorsqu'en exécutant une figure de
contredanse, en face de madame Junot, il fit
voler en l'air un objet assez lourd qui vint
tomber sur la tête et s'accrocher dans les

cheveux de la jeune femme. On constata, avec
surprise, que c'était une de ses boucles de sou-
liers. « Sa Majesté, dit la future duchesse d'Abrantès dans ses Mémoires, trouva la chose si réjouis-
sante qu'elle en rit à perdre la respiration,
mais nous rîmes bien davantage lorsque,
ayant voulu vérifier comment, de son pied royal,
la boucle était arrivée dans ma coiffure, nous
découvrîmes que cette boucle avait été *collée* sur
le soulier. »

On s'assit, à minuit, autour d'un souper somptueux où « l'élite des beautés que cette cité
possède fut servie par l'élite des chefs de nos
guerriers ».

Les Mémoires du temps ont aussi parlé de
la représentation d'*OEdipe*, au Théâtre-Français,
à laquelle Bonaparte assistait avec le roi
d'Étrurie, et des transports qu'excitèrent, chez
les Parisiens, ce vers du rôle de Philoctète :

J'ai fait des souverains et n'ai pas voulu l'être !

Tous les spectateurs se tournèrent spontanément vers la loge du Premier Consul et le saluèrent d'applaudissements enthousiastes.

Quelques jours plus tard, le 10 messidor (29 juin), le roi et la reine d'Étrurie, accompagnés du général de Grouchy, quittèrent Paris, après y avoir séjourné cinq semaines, et s'acheminèrent, à petites journées, vers leur nouveau royaume où ils furent installés par le général Murat.

On se trouve, à présent, en plein été : la chaleur est accablante. Madame Bonaparte est sur le point de partir pour les eaux de Plombières. Elle sera accompagnée par Hortense, par madame Lavalette, tout récemment arrivée d'Allemagne, et par sa belle-mère, madame Lœtitia, qui veut également essayer d'un changement d'air. Le Premier Consul confiera les voyageuses aux soins de Rapp, son aide de camp, et, depuis Toul jusqu'à l'entrée du département des Vosges, fera escorter leurs voitures par un détachement de gendarmerie de la Meurthe.

Toutes les précautions ayant été prises en

vue de leur sécurité, les trois femmes n'ont plus qu'à se mettre en route. Elles quittent la Malmaison le 19 messidor (8 juillet).

Hortense, toujours amie de la plaisanterie, a laissé un amusant récit des péripéties de ce voyage. Le voici tel qu'il fut adressé par elle :

« AUX HABITANTS DE MALMAISON

» En partant de Malmaison, la société avait les larmes aux yeux, ce qui leur a occasionné un si grand mal de tête que la journée, réellement, fut accablante pour ces aimables personnes. Madame Bonaparte, mère, a soutenu cette journée mémorable avec le plus de courage. Madame Bonaparte, consulesse, n'en a pas du tout montré, les deux jeunes dames de la dormeuse [1] : mademoiselle Hortense et madame Lavalette se disputaient le flacon d'Eau de Cologne, et l'aimable M. Rapp faisait arrêter la voiture, à chaque instant, pour soulager son petit cœur malade qui était chargé de bile : aussi

---

1. Voiture de voyage où l'on peut s'étendre et dormir comme dans un lit.

a-t-il été obligé d'aller se coucher en arrivant à Épernay, pendant que l'aimable société cherchait à oublier ses maux dans le vin de Champagne.

» La seconde journée a été plus heureuse, sous le rapport de la santé, mais les vivres manquaient et l'estomac s'en trouvait mal. L'espérance de trouver un bon souper à Toul les soutenait, mais le désespoir fut à son comble quand, arrivés à Toul, on trouva une mauvaise auberge et rien à manger. On vit des gens à mines risibles qui dédommagèrent un peu des épinards accommodés à l'huile de lampe et des asperges rouges fricassées au lait caillé. On aurait voulu voir les gourmands de la Malmaison assis à cette table si désagréablement servie.

» On n'a jamais vu, dans l'Histoire, une journée passée dans des angoisses si terribles que celle où nous arrivâmes à Plombières. Partis de Toul pour aller déjeuner à Nancy, car tous les estomacs étaient vides depuis deux jours, les autorités civiles et militaires, en venant au-devant de nous, nous empêchèrent de réaliser notre projet. Nous continuâmes donc notre route, maigrissant à vue d'œil. La dormeuse, pour comble de malheur, a pensé s'embarquer sur la Moselle pour aller à Metz, par une chute qu'elle a manqué faire.

» Nous avons été bien dédommagés, en arrivant à Plombières, d'un voyage aussi malheureux, car, à notre arrivée, on nous a accueillis avec toutes sortes de réjouissances. La ville illuminée, le canon tiré, et les figures des jolies femmes, qui étaient à toutes les fenêtres, nous font espérer de supporter, avec moins de regrets, notre absence de la Malmaison.

» Voilà le récit exact de notre voyage, à quelques anecdotes près que nous nous réservons de raconter à notre retour, que nous, soussignés, certifions véritables.

» JOSÉPHINE BONAPARTE,
» BEAUHARNAIS-LAVALETTE,
» HORTENSE BEAUHARNAIS,
» RAPP,
» BONAPARTE, mère.
» Ce 21 messidor. »

Les voyageuses, on le voit, n'engendraient pas la mélancolie ; elles retrouvèrent, à Plombières, une foule de personnes de leur connaissance, notamment mesdames de La Rochefoucauld, de Sourdis, de Talhouët, etc., qui les reçurent avec le plus vif empressement. C'était à qui rivaliserait de prévenances auprès d'elles. Madame Bonaparte ayant exprimé le désir de visiter l'établissement thermal de Luxeuil, localité voisine, une députation de baigneurs, à la tête desquels se trouvait M. Bigarré, capitaine de Carabiniers, vint la prier d'assister à une fête que l'on donnerait en son honneur. Joséphine y consentit.

On lui fit, à Luxeuil, une réception des plus flatteuses et, le soir, on lui offrit un bal charmant qu'Hortense ouvrit avec le capitaine Bigarré, organisateur de tous les plaisirs de la journée. Madame Bonaparte ne voulut pas demeurer en reste de politesse avec l'aimable société de Luxeuil, elle fit un grand nombre d'invitations parmi les personnes présentes et leur donna, à Plombières, quelques jours plus tard,

un grand dîner, après lequel on se rendit
au bal.

Pendant son séjour aux eaux, Joséphine
apprit, par les journaux, les détails de la fête
du 14 juillet, à Paris, qui fut très brillante et
dont celle de nos jours n'est plus qu'une pâle
copie.

Dès six heures du matin, les Parisiens sont
réveillés par des décharges d'artillerie; à midi,
il y a grande parade.

Dans les Champs-Élysées et leurs environs
s'offrent des divertissements variés. Au carré
Marigny se dressent trois grands théâtres pour
les spectacles forains, ainsi que des tréteaux pour
les escamoteurs, les danseurs de corde, les vol-
tigeurs. Au Cours-la-Reine se trouve le cirque
de Franconi et de ses élèves et, tout autour,
sont établis des jeux de bagues, d'escarpo-
lettes, des mâts de cocagne, etc. Lorsque vient
le soir, la ville s'illumine de lampions de
couleurs du plus joli effet, une grande pantomime
a lieu dehors, aux lumières, tandis que le Conservatoire donne un concert dans la salle dite du

Grand-Carré. Enfin, lorsque la nuit est complète, on tire un feu d'artifice à l'Étoile : la Renommée apparait, lumineuse, sur un rocher ouvert en forme d'arc-de-triomphe, au milieu d'une pluie de feu, et le bouquet, très admiré, représente un volcan en pleine éruption. Quatre ballons, montés chacun par un aéronaute, s'élèvent ensemble, aussitôt après, dans les airs. Les danses commencent alors, au son de vingt-deux orchestres, échelonnés depuis le jardin des Tuileries jusqu'à la barrière de l'Étoile, et se prolongent fort avant dans la nuit.

Deux jours plus tard, le Premier Consul écrivait à madame Bonaparte, ces quelques lignes :

Paris, le 27 (messidor [1] an IX).

« Il fait si mauvais temps que je suis resté à Paris. Malmaison sans toi est trop triste. La

---

1. Cette lettre, publiée chez Didot, ne porte que le quantième, sans indication de mois. Étant datée du 27, elle ne peut être que du 27 messidor, Joséphine ayant été absente depuis le 8 juillet jusqu'a la fin du mois, il n'y a donc pas eu d'autre 27 que le 27 messidor. C'est à tort que l'on a mis l'an X pour l'an IX.

fète a été belle; elle m'a un peu fatigué... J'ai reçu, pour toi, les plantes que j'ai envoyées à ton jardinier.

» S'il fait aussi mauvais à Plombières qu'ici, tu souffriras beaucoup des eaux.

» Mille choses aimables à maman et à Hortense.

» BONAPARTE. »

Le temps, en effet, semble s'être gâté, madame Campan s'en plaint également dans ses lettres à Hortense, de sorte que madame Bonaparte ne paraît pas avoir voulu prolonger la saison aux eaux au delà du terme prescrit pour son traitement. Dès les derniers jours de juillet, elle est de retour à la Malmaison.

Aussitôt arrivée, elle adresse, à madame de La Rochefoucauld, la lettre suivante :

« Je ne veux pas laisser partir le citoyen Rapp sans vous donner, ma chère cousine, de mes nouvelles, sans vous parler de ma tendre amitié et du bonheur que j'ai eu d'avoir passé ces trois semaines, avec vous, à Plombières. Je les mettrai au nombre des moments heureux que j'aurai eus dans ma vie...

» Dites, je vous prie, mille choses aimables à madame et à mademoiselle Talouette *(sic)* et à la bonne madame de Sourdis. J'ai vu, pour elle, le ministre de la police. Elle peut compter que, d'ici à huit jours au plus tard, je lui ferai passer la radiation de M. de Sourdis...

» Hortense grossit beaucoup; elle vous embrasse. Caffarelli vous présente son respect. J'ai trouvé mon cher mari plus aimable et plus amoureux de sa femme que jamais.

» Adieu, ma bonne, mon aimable cousine. Je vous embrasse de tout mon cœur. Je vous aime de même.

» JOSÉPHINE BONAPARTE. »

VII

Malgré tous les agréments du voyage, c'est
toujours avec un nouveau plaisir qu'Hortense
se retrouve à la Malmaison, qui se transforme
et s'embellit encore, chaque jour, sous l'habile direction de Fontaine, secondé par de
merveilleux ouvriers tels, par exemple, que
l'ébéniste Jacob. Il a déjà richement décoré
la salle du Conseil, agrandi la salle à manger,
restauré la galerie et la bibliothèque; à présent, il construit, pour faire suite au vestibule,
une sorte d'annexe en forme de tente, où se
tiendront les domestiques, les jours de réception. Le Premier Consul trouve que cela res-

semble « à une loge d'animaux à montrer à la foire », de même, il a critiqué la bibliothèque et prétendu qu'elle avait tout l'air d'une « sacristie d'église ». Néanmoins, Fontaine constate qu'en général Bonaparte est plus facile à contenter que Joséphine; celle-ci a, parfois, des caprices qui font son désespoir. Ainsi, au printemps dernier, elle a fait bouleverser le jardin planté à la française, et pris à son service un jardinier anglais. « Elle ne peut supporter les allées droites et veut que tout soit à l'anglaise[1]. »

Il n'est pas jusqu'à Hortense, qui ne donne du tracas au pauvre architecte, cette année-là : d'accord avec les autres acteurs, elle représente, à son beau-père tous les inconvénients du théâtre portatif, il est non seulement insuffisant, mais encore fort incommode à dresser et à démonter pour chaque représentation; une salle de spectacle est donc devenue de toute nécessité. Bonaparte, qui a pris la petite troupe sous sa protection, se laisse aisément convaincre; il charge,

1. Mémoires inédits de Fontaine.

en conséquence, Fontaine d'aménager, en
attendant mieux, une salle de spectacle dans
le château même. Rien n'est plus malaisé, la
distribution du local ne se prêtant nullement à
cette combinaison. Cependant, à force de s'in-
génier, Fontaine trouve moyen d'installer, tant
bien que mal, le théâtre, dans une grande pièce,
tout en haut du château, presque sous les com-
bles. Certes, ce n'est pas encore l'idéal rêvé, mais
Hortense, qui ne désespère pas d'y atteindre,
un jour ou l'autre, se montre satisfaite.

On se met donc, avec ardeur, à l'étude des
nouveaux rôles et chacun s'efforce de s'y dis-
tinguer. Mademoiselle de Beauharnais, l'étoile
de la troupe, joue avec une grâce, une finesse
que tous ses contemporains se sont plu à reconnaître ; on accorde, également, du talent à
Bourrienne, à Eugène, à Isabey qui cumule les
emplois d'acteur, de décorateur et de metteur
en scène. Madame Lavalette, sans être remarquable, jouit d'un succès d'estime ; madame
Junot qui, depuis son mariage, fait, avec son
mari, partie des habitués de la Malmaison,

remplit ses rôles avec intelligence ; Junot se tire convenablement des siens. Quant à madame Murat, elle se contente d'être jolie, mais il ne faut pas lui en demander davantage, car si elle charme les yeux, elle écorche les oreilles : « son accent italien, très prononcé, a quelque chose de sec, fort peu agréable à entendre », écrit mademoiselle Pannelier, son ancienne compagne de pension ; de plus, elle chante outrageusement faux.

L'assistance, toujours fort brillante, est des plus imposantes, les représentations se donnant ordinairement le mercredi, jour spéciale ment consacré au monde officiel.

Les dimanches, au contraire, les réceptions, réservées à la famille et à l'intimité, ont un caractère privé qui bannit toute contrainte. La jeunesse s'amuse entre elle et organise, le plus souvent, un petit bal impromptu auquel Bonaparte ne dédaigne pas, quelquefois, de prendre part. Il ne danse pas volontiers l'*Anglaise*, il lui préfère la *Monaco* et, surtout, le *Grand-Père*, sorte de *Farandole* qui a aussi beaucoup de ressemblance avec le *Cotillon* de nos jours et qu'Hortense conduit avec un entrain sans pareil. Personne ne sait mieux qu'elle imaginer et varier les *figures* « les plus bizarres et les plus drôles sont les meilleures », et conduire une *promenade* à travers les escaliers, les corridors et jusque dans les chambres des paresseuses que l'on réveille en sursaut.

Fréquemment aussi, les artistes qui viennent à la Malmaison y improvisent de charmantes soirées musicales ; Garat se montre, dans ce cas-là, d'une complaisance inépuisable, passant, sans se faire prier, des grands morceaux du répertoire à des *boléros* ou à de petits airs italiens qu'il accompagne, lui-même, au piano, et qu'il chante dans la perfection.

On y entend également, avec un plaisir infini, d'Alvimare, premier harpiste solo de la musique du Premier Consul, artiste du plus rare mérite et homme du monde accompli [1].

1. M. d'Alvimare appartenait à une des meilleures familles du pays Chartrain. Il naquit en 1772 et, à l'âge de sept ans, joua de la harpe devant Marie-Antoinette qui fut émerveillée de son précoce talent.

Forcé, par la Révolution, de tirer parti de son talent pour vivre, il avait donné quelques leçons à Joséphine, qui voulait apprendre à se servir d'une très belle harpe d'acajou, à ornements de bronze doré, placée dans son cabinet, mais qui, fort mauvaise élève, n'avait jamais pu retenir qu'un seul air, qu'elle jouait souvent, par désœuvrement, et répétait, alors, à satiété.

Hortense fit plus d'honneur que sa mère à M. d'Alvimare, qu'elle eut aussi comme professeur, et qui contribua, pour une large part, à sa formation musicale. Ses débuts furent marqués par un sacrifice méritoire : mademoiselle de Beauharnais, on se le rappelle, avait de belles mains, des doigts effilés, au bout desquels s'enchâssaient des ongles roses, qu'elle taillait en amandes et soignait avec une coquetterie bien naturelle. M. d'Alvimare lui fit observer qu'il faudrait tenir ses ongles courts, ce serait certainement moins joli, mais c'était indispensable pour jouer de la harpe.

« Couper mes ongles, monsieur, oh ! non, jamais je n'aurai ce courage. » Un moment de silence suivit cette déclaration, Hortense réfléchissait : tiendrait-elle plus à la longueur de ses ongles qu'à ses leçons de harpe ? L'amour de la musique l'emporta enfin, elle se leva résolument, sans mot dire, prit une paire de ciseaux, la tendit à son maître et, lui présentant ses mains, elle immola ses ongles héroïquement[1].

Hortense ne se borne pas seulement à l'étude de la harpe, elle continue aussi à s'adonner, avec ardeur, au dessin, et y fait chaque année des progrès surprenants. Une lettre, que Joséphine adresse à madame Tascher de la Pagerie, à la Martinique, au milieu d'autres nouvelles, contient un renseignement précieux sur les travaux de sa fille.

« ... Il y a bien longtemps, ma chère maman, que je n'ai eu de vos nouvelles, écrit-

----

1. Cette anecdote nous a été racontée à différentes reprises par M. d'Alvimare fils. Jal, qui la tenait de la même source, l'a reproduite dans son *Dictionnaire critique de biographie et d'histoire.*

elle le 26 vendémiaire an X (18 octobre 1801),
je pense, cependant, bien souvent à vous. J'espère que vous vous portez bien, que vous êtes
heureuse et que vous aimez bien votre
Yeyette [1].

» Eugène a cinq pieds cinq pouces, il est
lieutenant-colonel de cavalerie dans la Garde de
Bonaparte ; il désirerait bien aller à la Martinique pour voir sa grand'maman.

» Hortense est grande comme moi, elle
dessine très bien et fait, dans ce moment, un
tableau qui représente Bonaparte se promenant
dans son parc. Ce tableau vous est destiné.

» ... Bonaparte vous écrira, lorsque nous
aurons pris possession de la colonie. Il désirerait bien que vous veniez *(sic)* en France, si
vous pouvez vous accoutumer à vivre dans un
climat si différent du vôtre... Vous devez bien
aimer Bonaparte, il rend votre fille bien heureuse, il est bon, aimable, c'est en tout un
homme charmant, il aime bien votre Yeyette.

1. Petit nom donné à Joséphine dans sa famille.

» Adieu, ma chère maman, je vous embrasse et vous aime de tout mon cœur; vos petits enfants se joignent à moi pour vous embrasser.

» LAPAGERIE-BONAPARTE. »

Cependant Napoléon aspire à toutes les gloires : après avoir étonné le monde par ses victoires, il laisse l'épée pour le rameau d'olivier et impose la paix aux nations.

Toute la diplomatie européenne est, aujourd'hui, en mouvement pour l'œuvre de pacification, et les peuples, jadis ennemis acharnés, fraternisent à l'envie.

Vendémiaire an X pourrait s'appeler le mois des traités, ils se succèdent presque sans interruption.

Le 7 (29 septembre), la paix, avec le Portugal, est conclue à Madrid.

Le 9 (1er octobre), les préliminaires de la paix, avec l'Angleterre, sont signés à Londres et la nouvelle en est annoncée le 11, au soir, à la clarté des flambeaux « dans tous les carrefours et places de Paris, par les commissaires de police escortés de la force armée et précédés de tambours et de trompettes ».

Le 17 (9 octobre), la paix se fait avec la Sublime Porte et est publiée, le 25, à la pointe du jour.

Le 19 (11 octobre), l'entente est complète avec la Russie et la proclamation de la paix a lieu dans la soirée.

A l'anniversaire du 18 brumaire, date mémorable entre toutes, il convient de célébrer cette réconciliation universelle par une fête dite *Fête de la Paix générale*.

La journée, annoncée par des salves d'artillerie, débute par une messe solennelle et un *Te Deum* à Notre-Dame « en action de grâce, disent les journaux, de la paix continentale et maritime ». Pour rappeler cette double qualité, la fête prend d'abord un caractère nautique : toute l'après-midi, la Seine est sillonnée par des flottilles de barques et de chaloupes pavoisées, montées par des équipages costumés en marins de toutes les nations, qui évoluent autour d'un temple dédié au Commerce, élevé sur la rive gauche du fleuve, entre le Pont-Royal et le Pont-Neuf.

Lorsque le soir arrive, on quitte l'eau pour la terre ferme, et la foule se porte sur la place de la Révolution, devenue place de la Concorde, où un immense théâtre a été dressé pour une pantomime de circonstance : tous les malheurs de la Guerre défilent successivement sous les yeux des spectateurs. On assiste à des évolutions de troupes, à des assauts, à des batailles et jusqu'à des bombardements. Tout à coup, le canon se tait, les constructions militaires s'écroulent, une douce lumière baigne la scène sur laquelle apparaissent trois temples dédiés à la Paix, aux Arts, au Commerce, qui s'ouvrent et livrent passage à des groupes d'hommes et de femmes vêtus à la mode de tous les pays. Ils chantent, d'abord, des hymnes à la Paix, puis dansent un grand ballet final, destiné à figurer la réconciliation des-peuples.

Telles sont les principales attractions de la journée, auxquelles il convient encore d'ajouter les concerts en plein vent, donnés par des musiciens ambulants qui parcourent la ville en chantant des couplets patriotiques en l'honneur de la Paix, les « fanfares d'allégresse », les bals installés sur toutes les places, les feux d'artifice, les illuminations, etc., etc.

Cette fête populaire devait marquer parmi les plus brillantes du Consulat, et laisser de profonds souvenirs dans l'esprit des Parisiens.

VIII

Bonaparte n'est pas encore à l'apogée de sa
fortune et bientôt, pourtant, il va toucher à
l'apogée de sa gloire.

Il vient de rendre, à la France, son antique
prépondérance en Europe, il l'a refaite grande,
puissante, redoutable au dehors, mais ce n'est
pas tout : au dedans il l'a pacifiée, lui a donné
richesse, indépendance, prospérité et, insatiable
pour elle, il continue à travailler, sans relâche,
à son bonheur.

Quels prodiges, en effet, se sont accomplis
sous le Consulat ! Que ne doit-on pas au Premier
Consul ! Sa main habile et ferme a calmé les

partis, rétabli l'ordre et la confiance, là où régnaient la confusion et l'anarchie. Il a réorganisé les finances, équilibré le budget, restauré la religion [1], encouragé puissamment le commerce, l'agriculture, l'industrie, ainsi que les lettres, les sciences et les arts. Son génie s'est étendu à tout; il a fait creuser les canaux, réparer les ponts, les routes, remplir les arsenaux, etc., etc.

Non seulement il se montre administrateur incomparable, mais encore profond législateur: c'est sous ses yeux que se discute le Code civil, il élabore aussi le plan d'une forte organisation de l'Instruction publique : l'Université, et médite la création d'une grande institution de récompenses nationales : la Légion d'honneur.

Il reçoit les étrangers, rappelle les émigrés, de sorte qu'aussitôt la paix signée avec l'Angleterre, on voit délivrer, à Londres, jusqu'à vingt mille passeports pour la France, sans compter tout ce que nous envoient encore les autres pays.

1. Le Concordat avait été signé avec le cardinal Consalvi, légat de Pie VII, le 15 juillet 1801.

Toute la vie du gouvernement est concentrée en lui seul; qui songerait à s'en plaindre? n'est-on pas trop heureux d'obéir à ses lois et de se le donner pour maître?

Non seulement on respecte ses volontés, mais on va au-devant du moindre de ses désirs; aussi habitue-t-il, sans difficulté, les esprits à son règne.

La Cour, si elle n'existe pas de nom, existe, au moins, de fait, et les futurs souverains sont entourés de complaisants qui aspirent à recueillir les premières places, lorsque le moment sera venu de les distribuer.

De ce nombre est madame de Rémusat que l'ambition talonne et qui travaille à mettre madame Bonaparte dans ses intérêts; en attendant son tour, elle veut au moins, caser son mari. Elle finit, enfin, par obtenir de Joséphine l'assurance « qu'il ne se passerait pas longtemps sans que M. de Rémusat fût nommé préfet du Palais [1] ».

---

1. *Mémoires* de madame de Rémusat. Tome 1er, page 173.

L'exécution suit de près la promesse : lorsque arrive l'automne, le Premier Consul quitte la Malmaison pour rentrer à Paris, et quatre préfets du Palais sont nommés le 13 brumaire (4 novembre), ce sont MM. de Luçay, préfet du Cher ; Didelot, préfet de l'Allier ; de Cramayel et de Rémusat.

Quinze jours plus tard paraît également la nomination du général Duroc comme gouverneur du Palais.

Cette fois-ci, l'entourage du Premier Consul n'est plus celui d'un général au milieu d'un brillant état-major ; à présent, l'élément civil se mêle à l'élément militaire, dans son palais ; il a rétabli officiellement des charges de cour, il n'y a plus à se le dissimuler, le premier pas est franchi.

La princesse Dolgoroucki, qui avait habité Paris sous le Consulat, fait connaître, dans ses lettres, son impression sur les Tuileries, à cette époque :

« Elle en parlait fort bien, lit-on dans le *Mémorial*, et disait que ce n'était pas précisément une Cour, mais que ce n'était pas non plus un camp, que c'était une autorité, une tenue toute nouvelle, que le Premier Consul n'avait pas le chapeau sous le bras, ni l'épée d'acier, il est vrai, mais que ce n'était pas non plus un homme à sabre, etc. »

Bonaparte et ses compagnons ne sont certes pas des petits-maîtres, mais ils n'en font pas, pour cela, moins bonne figure dans un salon. La longue suite de leurs exploits leur sert de parchemins, quels titres vaudraient les leurs ?

Regardons ces héros ; n'ont-ils pas fière mine ?

Voici Ney, *le brave des braves*, aux traits mâles, à l'expression ouverte et loyale : il a affronté, sans s'émouvoir, le feu de vingt batailles et tremble, en ce moment, de n'être pas agréé par Églé Auguié dont il est fort épris. Celle-ci hésite à accepter pour mari, un soldat si souvent exposé à la mort, cependant l'admiration et l'estime qu'elle conçoit pour la valeur et le caractère de son prétendant ont enfin raison de ses scrupules. Quelqu'un parlant, en sa présence, de l'avenir du général, fit allusion à un engagement où Ney avait eu, disait-on, sept chevaux tués sous lui : « Sept ! s'écria Églé avec vivacité, il en a eu treize ! » Cette exclamation fut considérée, par tous, comme un consentement qu'elle ratifia, en effet, le lendemain.

Voici Lannes, que l'on a surnommé « le Roland de l'armée », qui est âgé de trente-deux ans et qui a épousé, depuis peu, mademoiselle Louise Guehenneuc, dont on vante beaucoup la beauté. Il est grand, mince, bien tourné, mais, manie bizarre, il s'obstine, malgré les objurgations du Premier Consul, à porter ses cheveux coupés en vergettes, poudrés, pommadés et ramenés, en un catogan gros et court, sur la nuque.

Bessières, aussi, est possédé de la même fantaisie, mais sa chevelure poudrée est disposée autrement que celle de Lannes et retombe, en *oreilles de chien*, de chaque côté de son visage. Sa taille élevée ne manque pas d'élégance. Il a une physionomie extrêmement mobile, une exubérance, un entrain de méridional que trahit encore un fort accent de terroir.

Tout autre est Berthier, que le Premier Consul honore tout particulièrement de sa confiance et de son amitié. Il a une grosse tête, un petit corps disgracieux, de vilaines mains, dont il ronge continuellement les ongles, et des cheveux crépus, mais il plaît quand même, malgré ces désavantages qui ne l'ont pas empêché de faire des passions.

Voici maintenant Lauriston, camarade de Bonaparte à l'école de Brienne et officier des plus distingués.

Junot, un des plus anciens amis de Napoléon, qui doit de nombreux succès à sa belle prestance et dont le front porte la trace de glorieuses balafres.

Maret, Caffarelli, Lemarrois, Augereau, Marmont, Lacuée et tant d'autres physionomies célèbres. Rapp, un peu rude d'écorce, à l'accent alsacien, mais dont le cœur est droit et l'âme chevaleresque.

Lavalette, le mari d'Émilie, assez lourd et mal bâti, qui cependant, à force de gaieté et d'esprit, trouve moyen de faire oublier sa laideur.

Beurnonville, que l'on compte parmi les beaux hommes de l'époque, à la taille imposante, à l'air fier et dominateur, actuellement ministre plénipotentiaire de la République à Berlin.

Clarke, pointilleux et querelleur, que le Premier Consul a trouvé plus prudent d'éloigner momentanément de Paris, en le nommant ambassadeur auprès du roi d'Étrurie.

Duroc, gouverneur du Palais, qui a, mieux que personne, le physique requis pour son emploi : un ton parfait, des manières aisées et une grande distinction. C'est, à la fois, un homme bien élevé et un beau militaire, à la taille svelte, élancée, aux yeux noirs, aux traits réguliers et fins. Bonaparte en fait le plus grand cas et se l'est attaché depuis longtemps.

Quelques-uns sont mariés, mais c'est encore le petit nombre. Le Premier Consul veut les voir établis, il compte sur un brillant essaim de jeunes femmes pour embellir sa Cour et s'occupe, parfois lui-même, de trouver, à ses braves, des héritières ou des filles nobles, qui serviront, merveilleusement, à opérer la fusion de l'ancienne société et de la nouvelle. « Vos femmes seront les amies de Joséphine et d'Hortense, » se plaisait-il à leur dire. Aussi cette année 1801 a-t-elle vu se former un grand nombre d'unions.

La plupart des anciennes compagnes d'Hortense sont aujourd'hui fiancées ou mariées. Églé Auguié épousera Ney dans quelques mois.

Eugénie Hulot, qui avait été remarquée dans les bals « pour avoir, dit la *Gazette de France*, su allier la plus grande décence au talent de danser de manière à attirer les regards », est la femme du général Moreau, depuis près d'un an.

Aimée Leclerc, jeune belle-sœur de Pauline Bonaparte, « dont la présence dans le monde me fera honneur », écrit madame Campan à Hortense, vient d'accorder sa main au général Davout.

Félicité de Faudoas, bien née, extrêmement jolie et spirituelle, est sur le point d'agréer la demande du colonel Savary, officier d'avenir, actif, plein de zèle, fort dévoué à Bonaparte et que madame Campan déclare « très aimable ».

Il n'est pas jusqu'à la petite Adèle Auguié, qui n'a que seize ans, et qui, déjà, est toute disposée à prendre pour époux un jeune officier : M. d'Aure.

Pourquoi Hortense ne se marie-t-elle pas aussi? Elle va avoir dix-neuf ans au mois d'avril prochain; le moment est venu d'y penser sérieusement.

Ce n'est pas faute que Joséphine n'y songe car, avant même que sa fille sortît de pension, elle s'en occupait. Un instant, paraît-il, elle projeta de lui faire épouser le jeune Gohier, puis le fils du Directeur Rewbel, mais ce dernier refusa, prétend Barras : « Nous sommes de bons Alsaciens, aurait-il dit, nous ne sommes pas de force à nous mesurer en mariage avec la fille de madame de Beauharnais et un beau-père corse. » Hortense, d'ailleurs, avait opposé la plus vive résistance à ce projet, invoquant comme prétexte « qu'une femme qui voulait être sage et heureuse ne pouvait épouser que l'homme qu'elle aimerait passionnément ».

Mademoiselle de Beauharnais préférait, certainement, M. Charles ou plutôt Aimé de Gontaut, qui se montrait, alors, fort empressé, et
avec lequel elle dansait plus volontiers qu'avec
aucun autre. « Il était charmant, dit une con-
temporaine, sa physionomie douce et aimable
était ombragée de grosses boucles de cheveux
blonds. » Malheureusement, les parents du
jeune homme se mirent à la traverse de cet
amour naissant; leur fils, trouvaient-ils, était
trop jeune pour penser au mariage; ils jugè-
rent donc prudent de l'éloigner momentanément de Paris et l'envoyèrent à Londres.

Ce fut alors que se présenta le comte de
Mun, émigré, qui venait d'obtenir sa radiation; il avait tout pour lui : naissance, esprit,
fortune; sa recherche ne pouvait que flatter
mademoiselle de Beauharnais, mais Hortense,
on le sait, était romanesque; elle s'imaginait
naïvement que l'objet de son premier amour
devait, lui aussi, n'avoir jamais aimé personne
avant elle. Quelqu'un s'étant avisé de dire, en sa
présence, que M. de Mun avait été amoureux,

en Allemagne, de madame de Staël, la jeune
fille fut froissée jusqu'au fond de l'âme et ne
voulut plus entendre parler d'un pareil volage.
Madame Campan, mise dans la confidence,
essaya de la faire revenir sur sa détermination : « L'amour subit, lui dit-elle, ne naît pas
toujours dans notre cœur pour notre bonheur;
il n'est solide que lorsqu'il vient à la suite de
l'amitié; » rien n'y fit, Hortense s'entêta dans
son refus. « Beaucoup de gens, à Paris, ont su
tout cela dans les plus petits détails, lui écrivit-
elle alors, on vous a blâmée de ne pas avoir
accepté; c'est une raison de plus pour que
vous vous observiez sur tout, pour que votre
choix à venir soit sage dans tous les points. »

Au milieu de ces projets divers, Joséphine
n'avait cessé de caresser un secret dessein.
Déjà madame Bonaparte était hantée par le
spectre du divorce : à mesure que Napoléon
s'élevait et que l'absence d'une postérité se faisait regretter, cette crainte grandissait et la
torturait. Elle sentait le terrain d'autant moins
solide sous ses pas que les membres de la

famille Bonaparte, ses pires adversaires, se trouvaient au cœur même de la place et travail-
laient, sans relâche, à saper l'édifice de son bonheur. Il était donc politique, croyait-elle, de se
créer des intelligences dans le camp ennemi et
d'attacher les Bonaparte aux Beauharnais, par
le moyen d'un lien que rien ne pourrait
rompre. Leurs intérêts devenant les mêmes,
son repos serait assuré ; tel était son raison-
nement. Pas un instant elle n'hésita à se
servir d'Hortense comme trait d'union, oubliant, dans sa légèreté, de se demander si
elle n'obtiendrait pas sa propre tranquillité
aux dépens de celle de sa fille!...

La duchesse d'Abrantès prétend, dans ses
Mémoires, qu'au moment du retour d'Égypte,
dans le temps où Jérôme Bonaparte « courait,
dans le petit jardin de la maison de la rue
Chantereine, après sa jolie demi-sœur, comme
il appelait Hortense », madame Bonaparte,
aurait eu l'idée de marier sa fille avec son jeune
beau-frère, mais le fait est peu vraisemblable,
si l'on réfléchit qu'à cette époque, Jérôme

avait quinze ans et Hortense une année de plus.

Lucien Bonaparte, qui, en 1801, était veuf depuis quelques mois, se vante d'avoir refusé la main d'Hortense que sa belle-sœur le pressait d'accepter, mais l'assertion est non moins contestable que la précédente. Comment, en effet, Joséphine aurait-elle songé, une minute, à s'adresser à Lucien qui, toujours, lui avait porté les coups les plus redoutables et qu'elle savait acharné à sa perte, tandis qu'elle avait, sous la main, un autre frère de Bonaparte, Louis, tout aussi hostile au fond, peut-être, mais dont l'animadversion se dissimulait derrière une prudente neutralité.

Napoléon n'aurait certes pas admis la plus légère opposition de la part de ce frère qu'il avait élevé, c'est tout au plus, au moment où il lui annonçait son mariage avec Joséphine, si celui-ci s'était permis de répondre timidement que « madame de Beauharnais paraissait fort aimable, mais qu'elle n'était plus jeune... »

Louis Bonaparte, chef de brigade à vingt-trois ans, a déjà un passé militaire qui lui fait honneur.

Son avancement fut rapide : à quinze ans et demi, il partit pour sa première campagne à l'armée des Alpes, en qualité de sous-lieutenant adjoint à l'état-major de Bonaparte, où l'on remarqua, à diverses reprises, son rare sang-froid.

Il fut ensuite nommé lieutenant dans une compagnie de canonniers volontaires, en garnison à Saint-Tropez, où il demeura quelques mois, puis il se rendit à l'École d'artillerie de Châlons pour y faire ses études, mais Bonaparte, nommé général en chef de l'armée de l'Intérieur, l'en fit sortir, en frimaire an IV (novembre-décembre 1795), afin de l'attacher à son état-major.

Ce fut à cette époque que Louis rencontra, pour la première fois, madame de Beauharnais, qui, dans quelques mois, allait devenir sa belle-sœur, et ses enfants : Hortense, âgée de douze ans et Eugène de quatorze.

Lorsque éclata la guerre d'Italie, Louis fit la

campagne aux côtés de son frère, dont il était aide de camp, avec le grade de lieutenant, s'y conduisit vaillamment et fut promu capitaine par le Directoire. Il se distingua, également, en Égypte, obtint, à son retour, le grade de chef d'escadrons au 5e dragons et, peu après le 18 brumaire, celui de colonel dans le même régiment.

Durant son court séjour à Paris, entre les deux campagnes, Louis, en allant visiter sa sœur Caroline, alors en pension chez madame Campan, fit la connaissance d'Émilie de Beauharnais : « Il s'intéressait vivement à elle, lit-on dans les notes qu'il a laissées sur sa vie, estimait les qualités de son cœur et de son esprit, et la trouvait la plus belle personne qu'il eut jamais vue. »

Il s'éprit violemment d'elle et confia ses sentiments à Casabianca, ancien officier de marine, ami de sa famille, un soir qu'il se promenait avec lui dans le jardin des Tuileries. Celui-ci, d'abord très interloqué, puis effrayé, à l'idée de voir le frère du général Bonaparte

épouser la fille d'un émigré, répondit : « Savez-
vous que ce mariage ferait le plus grand tort
à votre frère et le rendrait suspect au gouvernement dans un moment où, partant pour
une expédition hasardeuse, il a un aussi grand
besoin de se faire des amis, ou du moins de
ne point se faire d'ennemis? »

Casabianca crut prudent de dévoiler le secret
dont il était dépositaire à Napoléon qui, dès le
lendemain, fit appeler Louis et, sans aucune
allusion à la conversation de la veille, lui
ordonna de partir sur-le-champ pour Toulon,
avec trois autres aides de camp, afin de l'y
attendre et de s'embarquer, ensuite, pour
l'Égypte.

Louis dut obéir. Chemin faisant, il reçut
l'ordre de s'arrêter à Lyon ; le climat, le pays,
les habitants lui plurent : « Rien n'égale au
printemps, écrit-il, la beauté de ces lieux
enchanteurs... » mais, « ce séjour, ajoute-t-il
avec mélancolie, ne devait point diminuer les
regrets et les émotions d'un jeune homme qui
se voyait arraché, malgré lui, à tout ce qu'il

aimait et peut-être pour toujours ! » Ses pressentiments ne le trompèrent pas, quelques
jours, en effet, après son départ, Émilie épou-
sait Lavalette.

Ainsi finit ce petit roman à peine ébauché,
dont Louis porta longtemps le deuil au fond
du cœur, et dont il voulut, en un discret
rappel, éterniser le souvenir dans l'histoire de
Marie ou les peines de l'amour, ouvrage en trois
volumes qu'il donna à Gratz, en 1812, et qu'il
fit rééditer deux ans plus tard.

Louis était encore dans toute l'amertume de
sa déception, lorsque son frère, cédant aux
sollicitations de Joséphine, vint lui proposer
Hortense pour femme. Il refusa, explique-t-il
lui-même, « non qu'il eût aucune raison défa-
vorable au caractère ou à la moralité de cette
jeune personne, dont tout le monde faisait
l'éloge, mais parce qu'il craignait que leurs
caractères ne se convinssent pas. »

Pressé de nouveau, après Marengo, d'obtem-
pérer au désir de son frère et de sa belle-sœur,
Louis voulut gagner du temps et obtint la

permission de voyager. Il partit, en octobre, avec le jeune de Flahaut, sous prétexte d'assister aux manœuvres militaires de Postdam, séjourna à Berlin, à la cour du roi et de la séduisante reine Louise de Prusse, alla ensuite à Dantzick, puis chez le duc de Brunswick et revint, à Paris, en février 1801.

Madame Bonaparte ne se tint pas pour battue : Louis affirme que, pour se dérober à de nouvelles instances, il demanda à faire partie de l'expédition qui se préparait pour le Portugal, et qu'on le retint, pendant plus de quinze jours, à la Malmaison où il s'était rendu pour faire ses adieux à son frère et à sa belle-sœur ; mais, lit-on dans son récit, « craignant de manquer l'occasion de faire la guerre, il partit, dans la nuit, pour Bordeaux, sans prendre congé et rejoignit l'armée dans cette ville ».

Au moment de l'armistice, Louis s'en fut passer les mois de juillet, d'août et de septembre à Barèges « pour y faire usage des douches, sur un genou qu'il s'était froissé dans une chute, et pour un rhumatisme, à la main droite, qu'il commençait à ressentir », et retourna à Paris, en octobre, au moment où se concluait la paix générale.

C'est à cette époque que Joséphine, résolue à emporter la position de haute lutte, se prépare à livrer la bataille décisive. Mais elle aura affaire à forte partie, il ne faut pas se le dissimuler, car, si Louis n'aime pas Hortense, Hortense, de son côté, ne peut souffrir Louis et pleure, à chaudes larmes, chaque fois que sa mère parle de le lui donner pour époux.

Physiquement, Hortense n'a rien à lui reprocher : malgré quelques infirmités précoces, Louis est, ce que l'on appelle communément, « un beau cavalier ». De taille moyenne, il possède de la noblesse dans le maintien, de la distinction dans les manières. Il ressemble assez, par sa coupe de figure un peu longue, par ses traits réguliers, à ce qu'était Napoléon au même âge, mais, aux lignes seules se borne l'analogie, car, contrairement à son frère dont le visage reflétait admirablement toutes les impressions, Louis a une physionomie étrangement morne, et ses yeux, quoique grands et beaux, semblent totalement dépourvus d'expression.

Il faut aussi reconnaître que ce jeune homme a l'esprit cultivé : comme Hortense, il s'occupe volontiers d'art et de littérature, mais ses goûts sont bizarres et artificiels. Gâté, de bonne heure, par la lecture de Jean-Jacques Rousseau, il fait montre de sensiblerie, plutôt que de véritable sensibilité, s'enthousiasme à froid, veut être profond et n'est que vide, et a aussi de grandes prétentions à la naïveté, à la bonhomie et, surtout, à ce que l'on appelait alors « la vertu ».

Son caractère est également plein de contradictions : il a un fond de réelle bonté, une certaine délicatesse, de la douceur dans les rapports, mais ces qualités sont irrémédiablement gâtées par son humeur fantasque et atrabilaire, ses susceptibilités farouches, ses préventions, ses méfiances injustifiées et injurieuses.

Il aime la tristesse, cultive la mélancolie,

s'attendrit sur des malheurs imaginaires : « *Paul et Virginie* m'a coûté bien des larmes, écrit-il à Bernardin de Saint-Pierre, sans doute Paul n'en versait pas plus en se séparant de sa sœur ». On le voit fuir la jeunesse, éviter soigneusement la gaieté et rechercher la solitude, pour pouvoir se scruter à l'aise.

Sans doute, sa mauvaise santé a puissamment contribué à l'assombrir ainsi : malgré son jeune âge, Louis est déjà passablement écloppé. « Il avait fait, dit-il lui-même, plusieurs chutes de cheval considérables dont la plus forte lui laissa une grande cicatrice à l'œil gauche qu'il faillit perdre ». Une autre fois, il s'était démis le genou et déjà, à sa main droite, commence à apparaître les terribles symptômes de paralysie, qui, allant toujours croissant, réduiront, un jour, ce membre à l'immobilité presque complète, et qu'il prend, à présent, pour des rhumatismes chroniques. Ces accidents ont eu, pour résultat, d'altérer profondément sa constitution, plutôt robuste au début, et d'amener, dans l'économie, des troubles organiques, des désordres nerveux qui en firent, avec le temps, un être déséquilibré, débile et souffreteux.

On le comprend donc, Hortense et Louis sont faits pour se choquer mutuellement: cette jeune fille rêveuse et non mélancolique, étourdie, mondaine et coquette même, avec sa gaieté, son exubérance, ses fous rires et son fond d'espièglerie naturelle, ne peut s'entendre avec cet homme morose, concentré et circonspect, les heurts seraient permanents et les froissements inévitables.

Joséphine, aveugle volontaire ou non, ne semble pas s'apercevoir de ces dissemblances et fait agir toutes les influences, autour de sa fille, afin de la décider à ce mariage.

« Je me borne à vous prier, écrit madame Campan à Hortense, de faire en sorte qu'en tout votre conduite et celle d'Eugène puissent plaire au Premier Consul dans ses vues d'établissement pour vous deux. Vous êtes un des liens les plus chers entre lui et votre maman et, si vous éprouviez de la disgrâce et de l'abandon, ne croyez pas, vous même, que vous vous en consoleriez. On peut se passer d'arriver à un rang élevé, sentir même que c'est un bonheur d'en vivre éloigné, mais on n'en descend pas sans douleur, c'est encore une grande vérité ».

Madame Campan a beau sermonner, Hortense ne se rend pas, elle ne veut faire qu'un mariage d'inclination et, déjà, son cœur a parlé. C'est Duroc qu'elle aime, c'est donc lui qui devra être l'élu, l'époux de son choix.

Sans doute Duroc est beau, brave, chevaleresque comme un héros de roman, ses états de service sont des plus brillants : âgé seulement de vingt-neuf ans, il est déjà général de division et s'est tiré, avec honneur, de diverses missions diplomatiques. Il jouit de la considération de toute la Cour et vient d'être nommé gouverneur du Palais.

Sans Joséphine, Bonaparte serait très disposé à lui accorder la main de sa belle-fille. « J'ai bien donné, disait-il, Caroline à Murat, Pauline à Leclerc, je puis bien donner Hortense à Duroc que j'aime et qui est un brave garçon. »

Bourrienne, dont les assertions doivent être

acceptées sous réserve, affirme que cette année 1801, pendant les trois mois d'absence de
Duroc qui avait été envoyé à Saint-Pétersbourg
pour complimenter le nouveau Tsar, les deux
jeunes gens correspondirent sous son couvert à
lui. « J'ai une lettre », disait-il tout bas à
Hortense, avec laquelle il jouait au billard
presque tous les soirs. Le jeu cessait aussitôt,
et elle courait à sa chambre où Bourrienne
allait la rejoindre pour lui remettre le message
annoncé. « Ses yeux alors, dit-il, se remplis-
saient de larmes et elle ne redescendait plus,
que longtemps après, au salon... »

S'il en était ainsi, on doit avouer qu'Hortense faisait peu de cas des conseils de pru-
dence de madame Campan qui paraît avoir
reçu ses épanchements, puisqu'elle lui écrivait :

« Mettez-vous en garde contre un sentiment
que vous avez inspiré; tâchez de ne pas y
répondre; si vous vous sentiez seulement disposée à accorder de la préférence au jeune
homme dont nous avons parlé, peut-être, pour
son propre bonheur, est-il convenable que vous

ne vous y livriez pas. Ne lisez pas de romans et surtout n'en faites pas. Le général Bonaparte avait bien raison, l'autre jour, de dire : « Toutes ces jeunes têtes se persuadent qu'elles » aiment... » Le devoir de toute fille raisonnable est d'éviter de faire, elle-même, le choix d'un époux... »

Tout cela est bel et bon, devait se dire Hortense; on voit bien que madame Campan n'est pas amoureuse !...

Quoi qu'il en soit, dans les derniers mois de 1801, tout le monde croit au mariage de mademoiselle de Beauharnais avec Duroc. On oublie de tenir compte de la ténacité de Joséphine pour laquelle les obstacles n'existent pas. Chaque jour, elle renouvelle ses attaques auprès de Bonaparte, met en œuvre toutes ses batteries, prie, argumente, supplie, pleure même au besoin, jusqu'à ce qu'enfin le Premier Consul, excédé de ces scènes perpétuelles, abandonne le projet qu'il formait de marier Louis, si l'on en croit le *Mémorial*, à une nièce de Talleyrand, devenue madame Just de Noailles, et promet, enfin, à sa femme, de seconder ses desseins.

Duroc, mis en demeure de se prononcer nettement, ne sait que répondre : s'introduire ainsi dans cette famille, dont les vœux lui sont contraires, répugne à sa fierté. Ne risquerait-il pas de se faire passer pour un vulgaire ambitieux, pour un homme intéressé et sans scrupules ? Si Duroc était très épris, peut-être ces considérations le toucheraient-elles moins, mais il n'en est pas ainsi et, d'ailleurs, son caractère sec, froid et surtout indifférent, le garantit contre les entraînements de la passion. De plus, on a soin de lui faire entendre que, s'il épouse mademoiselle de Beauharnais, il sera nommé commandant de la huitième division militaire, et devra partir pour Toulon, le lendemain même de son mariage. Cette clause, à laquelle il est loin de s'attendre et qui lui paraît une disgrâce, met fin à ses hésitations et il renonce à la main de sa fiancée.

Sur ces entrefaites, Louis Bonaparte arriva à la Malmaison. Il y était invité presque quotidiennement et Joséphine le harcelait sans cesse de ses projets d'union. Ce jour-là « il y avait bal, raconte-t-il lui-même; sa belle-sœur le prit à part, son frère survint et, après une longue conférence, on lui fit donner son consentement ».

Reste, maintenant, à obtenir celui d'Hortense. Le moment est propice pour tenter un dernier assaut; la jeune fille, indignée sans doute, de la faiblesse de son prétendant, si différent de l'idéal rêvé, et qu'elle croyait prêt à tous les sacrifices pour obtenir sa main, humiliée dans son amour-propre, profondément découragée devant la perte de ses illusions et l'écroulement de ses espérances, ne fera sûrement pas grande résistance. C'est, en effet, ce qui arrive : elle courbe le front sous l'implacable destinée et se résigne, la mort dans l'âme, à devenir la fiancée de Louis Bonaparte.

Chose étrange, il semble que Napoléon n'ait eu qu'une connaissance très imparfaite des véritables sentiments d'Hortense à l'égard de Louis; peut-être sa belle-fille n'eut-elle pas la hardiesse de les lui avouer. Hortense n'osait guère lui parler, dit-on, encore moins, par conséquent, discuter avec lui. Avait-elle quelque communication à lui faire? elle recourait à un intermédiaire. « La petite sotte, disait en riant Bonaparte, pourquoi ne me parle-t-elle pas? Cette enfant a donc peur de moi? »

Napoléon, quoi qu'en aient dit ses détracteurs, n'avait pas, pour Hortense, d'autre affection que celle d'un père pour une fille bien-aimée, il lui témoignait de l'intérêt, désirait sincèrement son bonheur et ne l'aurait certainement pas mariée à Louis, s'il eût su ses répugnances et son désespoir. Selon toute probabilité, Joséphine, dont la véracité est parfois plus que suspecte, se chargea, seule, de le renseigner : avec un peu d'habileté, les atermoiements des deux jeunes gens pouvaient être attribués, du côté de Louis, à son humeur fantasque, à son esprit de contradiction ; de celui d'Hortense, à un petit manège de coquetterie de jeune fille qui veut se faire désirer. Ceci admis, on s'explique que Napoléon pou-

vait être de très bonne foi, à Sainte-Hélène,
lorsqu'il dit à Las Cases : « Hortense et Louis
s'aimaient, en s'épousant; ils se sont voulus
l'un et l'autre... » C'était cependant, hélas!
bien loin de la vérité.

Les jours qui s'écoulent, depuis ces tristes
fiançailles jusqu'au 4 janvier, date fixée pour
la bénédiction nuptiale, se traînent douloureux
et pénibles pour les futurs époux. En vain,
madame Campan, dans l'espérance, sans doute,
de faire passer ses convictions dans leurs âmes,
embouche la trompette pour célébrer les bienfaits de cette alliance. En vain écrit-elle à
Louis Bonaparte :

« Votre union avec ma chère élève ne peut
être suivie que du bonheur le plus pur, sa
timidité une fois vaincue, elle trouvera bien
doux d'avoir à aimer de tout son cœur un
mari dont toutes les qualités ont de l'analogie
avec les siennes... »

Et à mademoiselle de Beauharnais :
« Je n'y tiens pas, ma chère Hortense,

d'après quelques mots de votre maman et ce que j'ai vu, je juge que vous allez former un lien auquel toute l'Europe applaudira, mais je veux, dans ma joie, y applaudir la première.

» Je voyais un éloignement, entre vous et le citoyen Louis, qui m'avait fait quitter, à regret, une idée que j'avais chérie longtemps... Vous lui reprochiez une excessive prévention contre les femmes. Le Premier Consul, qui sait trouver des remèdes à tous les maux, a choisi, dans sa sagesse, celle qui doit à jamais en guérir son frère... Vous serez heureuse, mon cher ange, je vous le prédis... je vous prédis aussi que vous aimerez beaucoup et toujours, parce que le sentiment qui naît de la conviction est le seul durable... Un mariage, formé sur une convenance de situation, d'éducation et de goût qui a frappé tout le monde, doit être le plus heureux des liens, et l'amour, quand il s'établit en dernier lieu, se fixe bien plus solidement dans le ménage que lorsqu'il a légèrement formé le premier engagement... »

Madame Campan perd son temps et sa peine; ni ses heureuses prévisions, ni les compliments qu'ils reçoivent, ni les cadeaux dont ils sont comblés, ne peuvent dérider le front soucieux de Louis et amener un sourire de contentement sur les lèvres de sa fiancée. Tous deux se parlent à peine, ils évitent même de se regarder; parfois Hortense entraîne une amie dans l'embrasure d'une fenêtre et, lorsqu'elle vient reprendre sa place au milieu de la société réunie au salon, ses yeux sont rouges : Louis voit qu'elle a pleuré et sa mauvaise humeur, son dépit s'en accroissent encore.

On est à la veille du mariage, les journaux l'ont annoncé, le *Courrier des Spectacles* a adressé, aux jeunes époux, un épithalame en vers de mirliton, signé Chaumont :

> Recevez, couple heureux, le prix de la constance,
> C'est l'amour, c'est l'hymen, qui vous offrent ce prix.
> Volez, jeune Louis, entre les bras d'Hortense,
> Belle Hortense, volez dans les bras de Louis.

Tout est prêt, il n'y a plus à reculer, il faut

marcher la tête haute et le pas ferme. A quoi bon donner sa détresse en spectacle à des indifférents?...

La journée s'avance, voici le soir ; la famille est assemblée dans le salon des Tuileries pour la lecture du contrat. Hortense écoute, comme à travers un douloureux cauchemar, Mᵉ Raguideau détailler les apports des conjoints :

Louis Bonaparte a deux cent quatre-vingt mille francs, plus la propriété et le château de Baillon, en Seine-et-Oise.

Hortense de Beauharnais reçoit en dot :

1° Cent mille francs de sa mère, moyennant quoi elle renonce, en faveur de celle-ci, à la moitié de la succession, non liquidée, de son père ;

2° Un trousseau estimé cent mille francs ;

3° Quinze actions de la Banque de France ;

4° Deux cent cinquante mille francs que lui donne le Premier Consul.

Immédiatement après, l'on procède au mariage civil, sans changer de lieu.

« Le quatorzième jour du mois de nivôse de
l'an X de la République française,

» Acte de mariage de Louis Buonaparte, chef
de brigade, âgé de vingt-trois ans, né à Ajaccio...
demeurant à Paris, cour de l'Orangerie, district
des Tuileries..., et de Hortense-Eugénie Beauharnais, âgée de dix-huit ans, née à Paris...,
demeurant de droit et de fait au Palais du
Gouvernement... Lesdits époux présents ont
déclaré prendre en mariage : l'un, Hortense-
Eugénie Beauharnais, l'autre, Louis Buonaparte,
en présence des citoyens majeurs cy-après dé-
nommés, tous domiciliés à Paris : Lucien
Bonaparte *(sic)*, ex-ministre de l'Intérieur,
frère de l'époux, rue Saint-Dominique... ; de
Joachim Murat, général de division, beau-frère
de l'époux, place du Carrousel ; Joseph Fesch,
oncle maternel de l'épouse *(sic)*, rue et division du Mont-Blanc ; J.-Baptiste Bessières,
général de division ; Jean-Jacques-Régis Cambacérès, second consul de la République française, place du Carrousel ; Jean-François
Lebrun, troisième consul de ladite République,

au Palais du Gouvernement; Jean-Marie Portalis, conseiller d'État, rue de Lille, dixième arrondissement; les quatre derniers, amis de l'épouse.

» Après quoi nous soussigné, maire du premier arrondissement municipal de Paris, avons prononcé que, au nom de la loy, lesdits époux sont unis en mariage... »

Il est une heure du matin. Le jeune couple va recevoir la bénédiction nuptiale.

La chapelle des Tuileries n'ayant pas encore été rendue au culte, on a décidé que la cérémonie se ferait dans l'hôtel de la rue de la Victoire, afin de se conformer à l'usage qui voulait, avant la promulgation du Concordat, que les prêtres *insermentés* officiassent dans des maisons particulières.

Quelques instants plus tard, les parents et les amis, faisant cortège aux mariés, arrivent dans cette demeure qu'ont habitée Napoléon et Joséphine jusqu'au 18 brumaire, et qui leur rappelle les premières années de leur bonheur.

C'est dans le grand salon, transformé en oratoire pour la circonstance, que le cardinal Caprara, légat *a latere* du Saint-Siège et négociateur du Concordat, bénit l'union de Louis et d'Hortense; il bénit aussi, en même temps, celle du général Murat et de Caroline Bonaparte, dont le mariage n'avait pas encore reçu la consécration religieuse et qui ont saisi avec empressement cette occasion de régulariser leur situation aux yeux de l'Église.

Quels contrastes entre ces deux couples : l'un est rayonnant, l'autre morne et glacé. Murat et Caroline conserveront, sans doute, de cette soirée, un souvenir doux et ému ; tandis que Louis dira : « Jamais cérémonie ne fut plus triste, jamais, enfin, époux ne reçurent plus vivement le pressentiment de toutes les horreurs d'un mariage forcé et mal assorti... » Telles sont aussi, en effet, les impressions d'Hortense : quoique son existence ait, déjà, été traversée de bien des épreuves, elle sent que le meilleur temps de sa vie est passé; l'avenir lui apparaît gros d'orages et de chagrins, et, lorsque vingt

ans plus tard, abreuvée d'amertumes et de
dégoûts, lasse de verser des larmes, elle remon-
tera à l'origine de ses afflictions, son cœur
laissera échapper son douloureux secret : « Le
malheur d'un lien mal assorti, écrira-t-elle à
la comtesse d'Arjuzon[1], entraîne tous les malheurs... »

1. Son ancienne dame du Palais : lettre du 11 janvier 1820.

APPENDICE

Extrait du Moniteur *du 8 février 1790.*
Assemblée nationale. Présidence de M. Sureau de Puzy.

Séance du 6 février au matin.

De jeunes écoliers, conduits par un maître de pension, sont admis à la barre, ils offrent, sur l'autel de la Patrie, le quart de l'argent destiné à leurs menus plaisirs.

Séance du 6 février, au soir.

Des écoliers et pensionnaires de quatre collèges de Paris viennent offrir des dons patriotiques, ils prononcent des discours qui sont très applaudis et prêtent aussi le serment civique.

M. DE BEAUHARNAIS. — Je demande que les noms de ces jeunes citoyens soient incrits sur le procès-verbal. La faveur que je réclame pour eux sera aussi une faveur pour moi, parce que j'ai l'avantage d'avoir mon fils dans cette députation. Ils contractent ainsi un engagement envers la Patrie.

LETTRE D'ÉMILIE DE BEAUHARNAIS.

Au citoyen Vadier, membre du Comité de Sûreté générale.

Citoyen,

Je m'adresse à vous, connaissant l'intérêt que vous prenez à la malheureuse situation de maman. Comme vous vous intéressez pour l'innocent, je réclame votre justice en faveur d'une mère qui n'est point coupable, qui n'a jamais rien eu contre elle. Elle fut arrêtée à Champigny-sur-Marne, département de Paris, chez la citoyenne Sarrobert, chez qui elle logeait. Lorsque des citoyens de l'armée révolutionnaire l'arrêtèrent, le 10 brumaire, ainsi que cette citoyenne, ils emmenèrent maman, sans avoir d'ordre pour elle et sans cause, le procès-verbal en fait mention ; ainsi, citoyen, je m'adresse à vous pour en avoir une copie du Comité de Sûreté générale, ne pouvant l'avoir à Champigny, la section le demandant, pour réclamer maman qui se nomme Marie-Françoise Beauharnois. Je l'attend, citoyen, de votre bonté.

FILLE BEAUHARNOIS.

Ce 23 termidor, l'an deuxième de la République française une et indivisible.

(Archives nationales F. 7. — 4591.)

PÉTITION D'ÉMILIE DE BEAUHARNAIS.

Aux citoyens membres du Comité de Sûreté générale.

Citoyens,

Voilà deux mémoires que j'ose vous présenter, dont l'un que j'ai porté au Comité révolutionnaire de la Section des Piques pour la sortie d'une mère que je chéris. Ils m'ont dit qu'il falloit m'adresser à vous comme ayant, seuls, le droit de décider. Citoyens, j'ose me flatter que vous ne rejetterez pas ma demande, je vous en supplie; je l'attends de votre justice et de votre humanité. Faites sortir promptement maman de prison. Sa santé dépérit tous les jours. Citoyens, voyez combien elle est innocente, ne la laissez pas languir, accordez-moi cette grâce et ôtez-moi de l'affreux malheur où nous sommes présentement.

A mon âge, n'ayant que treize ans, il est bien désespérant de se séparer de sa mère, ne l'ayant jamais quittée. Elle désire bien revenir habiter promptement sa Section, elle espère que bientôt vous voudrez lui permettre; ce qui lui donne de l'espoir, c'est que tous les papiers porte qu'elle a été arrestée sans cause et, de plus, elle l'a été sans ordres, on est venue arrester la citoyenne Sarrobert et ayant trouvé maman, ils l'ont emmenée qui, pour sa santé, ayant appris qu'il y avoit à Champigny, chez cette citoyenne, un petit appartement à louer, sans fût y loger sans le connaître, on assure à maman, dans le village, que la citoyenne Sarrobert étoit bonne citoyenne, elle y alla sur ce rapport. Il me tarde de la revoir, cette mère que j'aime de tout mon cœur, voilà près de quatre mois qu'elle est à Sainte-Pélagie; elle y a été conduite le 11 brumaire et, depuis ce temps, je ne l'ai pas encore vue. Citoyens, réunissez-nous, que nous vous devions notre reconnaissance; je désire, avec bien de l'empressement, cet instant et je l'attends de vos bontés.

ÉMILIE FILLE BEAUHARNOIS,
rue Neuve des Mathurins, n° 856.

(Archives nationales, F. 7. — 4775[13].)

AUTRE PÉTITION D'ÉMILIE DE BEAUHARNAIS

Aux citoyens représentants du peuple et membres du Comité de Sûreté générale.

La citoyenne Beauharnois, fille, réclame la liberté de sa mère Marie-Françoise Beauharnois qui fut arrestée, le 10 brumaire, à Champigny-sur-Marne, département de Paris. Des citoyens de l'armée révolutionnaire vinrent, dans ce pays, avec des ordres pour arrester une personne de l'endroit ; ils se dirent des pouvoirs illimités et, conséquemment, arrestèrent mon estimable mère, quoiqu'il n'y eut pas d'ordre pour elle, n'y pour la personne chez laquelle elle demeuroit qu'ils emmenèrent également et qui a eu le bonheur d'obtenir sa liberté.

La commune de Champigny rend à ma mère la justice qu'elle mérite, il n'y a jamais eu aucune plainte, ni dénonciation faite contre elle. Elle a été femme d'émigré, mais son divorce, fait le 16 juillet 1793, la mettoit sous la protection de la loi au lieu de lui en faire éprouver la rigueur. Ma mère représente aux justes représentants du peuple qu'elle a des droits à leur humanité ; elle souffre, depuis près d'un an, dans la maison d'arrêst ditte Pélagie, d'où elle fut transférée, il y a quatre jours, à Port-Libre, ne pouvant se faire soigner dans une prison comme sa santé l'exige. Citoyens, c'est une fille âgée de treize ans qui vous demande sa mère qu'elle n'a pas vue depuis un an qu'elle est en arrestation ; elle se trouve au moment de ne pouvoir subvenir à la dépense qu'exigent les plus pressants besoins, je réclame la liberté de ma mère qu'elle mérite puisqu'il n'y avoit nulle raison contre elle. Je mets toute ma confiance dans la bonté de sa cause et la justice de ceux auxquels je m'adresse.

BEAUHARNOIS, FILLE.

Le 12 vendémiaire l'an troizième de la République une et indivisible.

(Archives nationales F. 7. — 4591.)

TABLEAU A REMPLIR PAR LE COMIT[É]

Nom du détenu, son âge, son domicile ? Le nombre de ses enfants ? Leur âge ? Où ils sont ? S'il est veuf, garçon ou marié ?	*Le lieu où il est détenu, depuis quand ? A quelle époque ? Par quel ordre ? Pourquoi ?*	*Sa profession avant et d[e] la Révolution ?*
Alexandre Beauharnois. Agé de trente-trois ans. A deux enfans, savoir : un garçon de douse ans et demie, qui apprend à Paris le métier de menuisier et une fille de unse ans, aussi à Paris, élevée chez sa mère dans des principes républicains. Alexandre Beauharnois est marié depuis quatorse ans. Sa femme, qui est aussi très bonne patriote, n'est point sortie du territoire de la République depuis le commencement de la Révolution, elle est aussi détenue et présente de son côté des moyens de défense. Alexandre Beauharnois demeuroit à La Ferté-Aurain, district de Romorantin ; il étoit maire de La Ferté-Aurain. Il a en France son père, sa femme et ses enfans, tous patriotes.	Il est détenu à la maison des Carmes, à Paris. Il a été arrêté le 21 ventôse, par un ordre du Comité de sûreté générale en datte du 12. Conduit à la maison des Carmes le 24 dudit mois. Il ignore la cause de sa détention.	Il fut nommé lors de la [forma]tion des premières assembl[ées] provinciales procureur gé[néral] sindic du département de B[…] il refusa cette fonction à c[ause] de sa grande jeunesse et n'ac[c]epta qu'une place d'adm[inis]trateur compatible d'ail[leurs] avec l'état militaire qu'il su[ivoit] avant la Révolution. Il fut nommé député aux [États] généraux par le bailliag[e de] Blois. Il fut successivement [secré]taire et deux fois présiden[t de] l'Assemblée constituante p[ar no]mination précédée de celle [des] Jacobins de Paris. Il fut après l'Assemblée co[ns]tituante membre du dépar[te]ment de Loir-et-Cher, refusa [une] place dans le Directoire p[our] partir pour les frontières, a[vant] même le commencement d[e la] guerre. Il fut durant dix-huit m[ois] consécutifs toujours aux arm[ées] en présence de l'ennemi. Refusa le ministère de [la] guerre en juin 1793. Donna [sa] démission de général en chef [de] l'armée du Rhin en août 17[…] l'obtint par un décret du 20 a[oût] retourna à La Ferté-Aurain, [où] il fut nommé maire et où il [a] exercé pendant six mois ce[tte] fonction à la satisfaction de [ses] concitoyens, des Sociétés po[pu]laires et de toutes les autori[tés] constituées. Il ne peut attribuer son arr[es]tation qu'à une erreur.

Ses relations ? Ses liaisons ?	Le caractère et les opinions politiques qu'il a montrés dans les mois de mai, juillet et octobre 1789, au 10 août, à la fuite et à la mort du tiran, au 31 mai et dans les crises de la guerre ? S'il a signé des pétitions ou arrétés liberticides ?	OBSERVATIONS
Il n'a jamais été qu'avec les patriotes ; il n'a pas depuis le commencement de la Révolution habité une seule ville où il n'ait été membre de la Société populaire ; il peut offrir indépendamment de la réclamation de son Comité révolutionnaire et de sa commune une multitude de certificats de civisme, de diplômes et autres pièces attestant son amour pour la liberté ; il se borne à cette seule indication. Un des fondateurs des Jacobins de Paris en 1789 ; Président de cette Société en 1791 ; Président de celle de Blois en 1791 ; Président de celle de Valenciennes en 1792 ; Président de celle de Strasbourg en 1793 ; Président de celle de Chaumont, chef-lieu de mon canton, en 1794 (vieux style), etc., etc., etc.	Les colonnes précédentes répondent suffisamment à ces questions, mais j'offre à l'appuy de chacune d'elles, séparément un arrêté des représentans du peuple ou une opinion consignée dans les journaux ou une proclamation imprimée. On verra que je fus toujours montagnard et républicain même dans l'Assemblée constituante, qu'au 10 août je me prononçai fortement pour le Corps législatif. Les députés envoyés à l'armée du Centre en firent alors mention dans leur rapport à l'Assemblée nationale. Mes opinions sur la mort du tiran sont imprimées. Je me prononçai pour la Montagne de la Convention, lorsqu'elle avoit la minorité. Après des sentimens si prononcés on se doute bien que je n'ai jamais signé ni pétitions ni arrétés liberticides.	Mon refus du ministère et de plusieurs autres places, ma démission de général, après n'avoir eu que des succès à la tête des armées de la République prouvent assurément que j'ai adoré la liberté pour elle-même, pour le bonheur du peuple et non pour mon intérêt et par ambition ; je m'engage à prouver tout ce que j'avance ici, ce qui est d'ailleurs bien connu. Je m'engage à repousser par des pièces justificatives toutes les calomnies qui pourroient m'attaquer, soit dans ma vie publique, soit dans ma vie privée. Si la liberté que j'ai constamment servie m'est rendue, je n'en veux faire usage que pour augmenter dans le cœur de mes enfans la haine des rois. ALEXANDRE BEAUHARNOIS

LETTRE DE MADAME CAMPAN

Au Conseil municipal de Saint-Germain-en-Laye.

Citoyens,

Le désir de former mes élèves à différentes sortes d'ouvrages d'aiguille et de leur apprendre, en même temps, que beaucoup d'infortunés se trouvent, même à l'instant de leur naissance, privés des choses de première nécessité, m'a suggéré l'idée de les faire travailler à des layettes d'enfants.

En voici six que je vous prie de faire distribuer selon l'usage que vous avez adopté.

Je me suis permis d'indiquer, sur une des layettes, le nom d'une pauvre mère de famille à laquelle je vous prie d'en faire donner une.

Votre concitoyenne,

GENET CAMPAN.

Ce 4 Thermidor an VII.

(Registre des délibérations du Conseil municipal de Saint-Germain-en-Laye.)

LETTRE DE MADAME CAMPAN

A la citoyenne d'Hyenville, Marché à la Chaux,
à Coutances, département de la Manche.

Ce 1er pluviôse (an VI) [1]

... Caroline recevra une leçon utile de votre part, madame, quand elle saura qu'une lettre d'elle, écrite à

1. 20 janvier 1798.

Hortense, est tombée entre les mains de madame Buonaparte qui l'a donné *(sic)* à lire au général, qui s'en est
beaucoup amusé, parce que la lettre étoit drôle; mais ce
qu'on m'en a dit me prouve qu'il y avoit des folies qui
lui donneront des regrets d'être crâne même dans les
correspondances. Elle y parlait des temps de la cheval-
lerie *(sic)*, du désir qu'elle auroit d'avoir été héroïne dans
ces temps merveilleux, d'avoir des chevaliers combat-
tant pour elle, etc..., enfin mille folies qui prouvaient
des lectures de ces anciens romans; puis, tombant dans
le grotesque et dans le trivial, elle lui demandait si le
général se chargeoit de son éducation, et que, sûrement,
il feroit d'elle une jolie petite fille demandant bien à
faire pipi à pot. Elle parlait aussi de messieurs, mais,
heureusement, avec légèreté.

Je vous rends compte de tout cela, madame, pour
que vous lisiez les lettres. J'en ai laissé partir une
d'Olympe [1], fort bête, mais il n'y avoit rien de blâmable. Caroline auroit dû juger qu'écrire à Hortense à
Saint-Germain, ou dans l'hôtel de son beau-père, à
Paris, c'étoit une grande différence.

On ne sait comment faire avec ces pauvres têtes :
écrire quelques lettres à des amies forme le stile *(sic)* et
paroit, en quelque sorte, utile, et elles trouvent le moyen
d'en faire un mauvais usage!...

Cependant, pour vous rassurer, je vous dirai qu'il n'y
avoit rien de très blâmable et que le général en a admiré
l'écriture et l'orthographe; mais moi je trouve blâmable
de se faire passer pour un crâne.

1. Olympe Crattarel.

Ayez soin, madame, qu'elle n'aille pas se plaindre à
Hortense, ce seroit à tort, car j'ai sçu cela par d'autres
qu'elle, et si je vous en écris, c'est une suite du tendre
intérêt que je prends à ma chère Caroline.

Mille sincères complimens.

GENET CAMPAN.

FRAGMENTS *des Souvenirs de madame la baronne Lambert née
Pannelier d'Arsonval, nièce de madame Campan. (Commu-
niqués par madame la comtesse de Reggio, sa petite-fille.)*

... Nous vîmes, un jour, une dame, aussi élégante que
gracieuse, arriver de Paris avec sa fille, qu'elle venait
mettre en pension, et son fils qui devait, le même jour,
entrer chez M. Mac-Dermott. Ma tante reçut cette dame,
non comme une étrangère, mais bien comme une
ancienne connaissance ; elle fit appeler mes cousines et
moi et, nous présentant notre nouvelle compagne, elle
nous dit : « Mes chères enfants, je vous recommande
mademoiselle Hortense de Beauharnais. Nos familles
sont liées depuis bien des années et je désire que cette
amitié se perpétue entre vous. Allez lui montrer les
classes, qu'elle connaisse la place qu'elle va occuper. »

Il nous fut bien facile d'obéir et d'aimer promptement
cette charmante jeune fille qui avait deux ans de plus
que moi.

Elle n'était pas ce qu'on appelle une beauté, mais il
était impossible d'avoir plus de grâce, d'être mieux faite,
une peau d'une blancheur admirable, fraîche comme
toutes les roses du printemps, des yeux charmants, une

forêt de cheveux d'un blond adorable tombant en grosses boucles autour de sa figure si douce, si spirituelle. Beaucoup étaient plus belles qu'elle, nulles ne plaisaient autant.

... Eugène, sans être aussi bien que sa sœur, portait sur ses traits un caractère d'esprit et de bonté très remarquable. Il était bien fait et avait l'air distingué.

Le frère et la sœur s'adoraient ; au faîte des grandeurs et dans les plus grandes adversités, Eugène et Hortense ont été les modèles de l'amour fraternel.

Madame de Beauharnais connaissait à peine, à cette époque, le général Buonaparte, sa position ne la mettait nullement en évidence, on ne peut donc pas dire que c'était pour lui faire sa cour, et par flatterie, qu'Hortense devînt en peu de temps l'idole de la pension : professeurs maîtresses, pensionnaires, femmes de service, c'était à qui l'aimerait le mieux et, loin de se prévaloir de ce succès général, elle n'en était que plus gracieuse et plus aimable.

Eugène, de son côté, ne tarda pas à se lier intimement avec mon frère, placé également au collège de M. Mac-Dermott. Ils étaient à peu près du même âge. Quel bon temps que celui de nos petites parties du dimanche ! Ma bonne mère, qui habitait à côté de ma tante Campan, se faisait un plaisir de donner un goûter, pour lequel elle réunissait Hortense, mes cousines Églé et Adèle Auguié, quelques autres élèves, pour lesquelles c'était une grande récompense, puis Eugène, mon bon frère Lucien, Henri Campan, Edmond Cardon, notre cousin (depuis baron de Montigny.) Toute cette bande joyeuse, après avoir mangé force confitures et pâtisseries,

allait, sous la surveillance de ma mère, faire une promenade soit dans la belle forêt de Saint-Germain, soit
sur la terrasse et, là, se formait une partie de *barres* ou
de *petits paquets*, l'on dansait, l'on riait de si bon cœur!
Combien de fois le pauvre Eugène, devenu prince, m'a
dit : « Vous souvenez-vous du raisiné que faisait votre
vieille Élisabeth ? Je n'ai jamais rien mangé de si bon,
et jamais, aussi, je ne me suis tant amusé que chez votre
bonne mère. »

... Nous ne tardâmes pas à voir arriver cette jolie
Caroline dont on nous avait beaucoup parlé et que nous
étions très anxieuses de connaître. Elle, au contraire
entrait en pension tout à fait à contre-cœur. Son frère
lui avait beaucoup vanté les talents d'Hortense et la lui
donnait toujours pour modèle, en sorte, qu'avant même
de la connaître, l'esprit de jalousie s'était éveillé en elle,
et, sans l'avoir vue, elle la détestait. Jamais ce sentiment
n'a pu s'effacer entièrement.

Caroline avait deux ans et demi de plus que moi. Sa
figure était charmante, pleine d'esprit et de mobilité,
une peau admirable, les plus beaux bras, les plus jolies
mains qu'on pût voir, mais, avec tous ces avantages,
Hortense, beaucoup moins jolie, l'emportait sur elle, par
sa grâce exquise ; le son mélodieux de sa voix augmentait
encore son charme, tandis que Caroline joignait, à un
accent italien fort prononcé, quelque chose de sec, par
instant, peu agréable.

... Ma tante, pour nous amuser, et pour nous habituer
aussi à bien dire les vers et la prose, nous fit jouer
quelques-unes des pièces de madame de Genlis. Elle en
composa, aussi, de fort jolies qui sont dans ses ouvrages.

C'était à l'époque des Jours Gras qu'elle nous donnait ce divertissement.

A l'une de ces représentations, nous jouions *la Belle et la Bête*, de madame de Genlis. Je faisais la Bête et jamais rôle de Belle ne fut mieux donné qu'à ma chère Adèle Auguié. Il s'agissait, pour moi, d'un costume d'homme, la chose n'était pas facile, cependant on me fit un immense pantalon turc, un turban, une petite veste de velours rouge brodée en or, le tout recouvert, pour le commencement, d'une espèce de peau de bête et d'un vilain masque.

Le général Buonaparte assistait à notre comédie et, lorsque je parus dans mon costume, il dit tout haut : « Oh ! le joli petit Mamelouck ! » Ce compliment faillit me faire oublier mon rôle. Bien longtemps après cette époque, dans les salons de Saint-Cloud ou des Tuileries, l'Empereur m'appelait encore son « petit Mamelouck ».

... Tous les ans, il y avait des examens publics : un jury, composé en partie des membres de l'Institut et d'hommes de lettres, venait nous interroger sur nos diverses études, les parents, les amis assistaient à cette cérémonie fort imposante. Ma tante avait converti une ancienne orangerie en salle assez grande pour des réunions nombreuses. Une longue tribune y était réservée pour placer toutes les élèves, afin qu'elles ne fussent pas mêlées avec les étrangers. Dans le fond de cette salle s'élevait une espèce de théâtre, sur lequel étaient rangées, les jours d'examens ou de concerts, les élèves qui devaient figurer. Nos juges étaient placés comme sont les musiciens à l'orchestre d'un spectacle ; de là, ils nous adressaient leurs questions. On leur donnait la liste de nos noms, ils faisaient leurs remarques et, à la fin de la séance, décidaient, entre eux, qui avait mérité le prix.

On soumettait aussi à leur examen, nos diverses compositions, résultat du travail de l'année. Comme le cœur battait, lorsque ma tante, après avoir reçu de ces messieurs la liste des prix, appelait à haute voix, celles qui les méritaient. Pour les dessins, les peintures, on les suspendait dans la salle : Gérard, Guérin, Bidault, tout ce que la peinture offrait de plus célèbre était invité à ces examens.

Pour la musique, on procédait de la même manière : la veille des examens, on nous faisait déchiffrer, devant nos juges, un morceau absolument inconnu, puis le lendemain avait lieu, dans la soirée, le concert où jouaient et chantaient seulement celles qui avaient mérité les prix.

Les examens avaient toujours lieu dans la belle saison : la salle où ils se passaient était précédée d'une magnifique allée de marronniers ; plus de trois cents personnes y assistaient ; les parents des provinces les plus éloignées arrivaient tout exprès pour jouir des succès de leurs enfants, puis les emmenaient ensuite en vacances.

Il en était quelques-unes dont les parents trop éloignés ne pouvaient les venir chercher, celles-là devenaient alors l'objet des soins particuliers de ma tante : pour les consoler de leur isolement, elle inventait des promenades aux environs, elle les conduisait à Paris...

... Madame Campan s'était fixé six places qu'elle réservait pour les jeunes filles hors d'état de payer leur

pension, mais leurs noms étaient un secret, personne,
que les parents de l'obligée, ne savait qu'elle était élevée
gratis. Les mêmes soins lui étaient prodigués comme
à la jeune fille la plus riche...

FIN

TABLE

—

IMPRIMERIE CHAIX, RUE BERGÈRE, 20, PARIS. — 20542-11-96. — (Encre Lorilleux).

DERNIÈRES PUBLICATIONS

Format grand in-18, à 3 fr. 50 le volume.

Paris. — Imprimerie A. DELAFOY, 3, rue Auber.